Un Village Comtois
au début du siècle

DU MÊME AUTEUR

ESSAIS :

L'information est-elle une propagande ? (Editions du Mail, 1946).

La Décentralisation. Commune. Région. Département ? Faut-il supprimer le Conseil Général ? (Persan-Beaumont 1977). Épuisé.

HISTOIRE ET FOLKLORE COMTOIS :

La chapelle de Saint-Hilaire (Jacques et Demontrond, 1941). Épuisé.

Histoire de Rougemont (Persan-Beaumont, 1973). Épuisé.

Contes de Mondon et d'autres villages comtois (Jacques et Demontrond, 1975). Épuisé.

Un Comtois musulman. Le Docteur Philippe Grenier. Prophète de Dieu. Député de Pontarlier (Jacques et Demontrond, 1976). Prix Louis Pergaud, 1977.

Racontottes de Franche-Comté (Jacques et Demontrond, 1978). Épuisé.

Robert Bichet

Un Village Comtois
au début du siècle

Cêtre

Besançon

INTRODUCTION

J'ai connu deux époques, deux âges, on pourrait presque dire deux mondes. Depuis mon enfance, tout a changé : la société, la façon de travailler, de vivre, de s'habiller. L'industrialisation — le progrès, comme on dit — a bouleversé la vie de mon village.

Les machines agricoles, les tracteurs, ont transformé le travail et les habitudes des hommes de la terre. Tout le monde aujourd'hui prend le train, même l'avion. Chaque ménage a son automobile, son réfrigérateur, sa machine à laver, sa cuisinière à gaz ou électrique et aussi sa télévision magique qui a tué les veillées d'antan et qui apporte dans l'*outau* ou le *poêle* les images de la terre entière, montre les hommes de tous les pays, raconte l'événement à l'instant même où il se produit, donne des nouvelles de toutes les régions du monde.

J'appartiens à la génération qui a vécu cet étonnant bouleversement. Chez nous, la coupure entre le passé et le présent a été brutale ; cette coupure, cette déchirure c'est la guerre de 1914-1918 qui l'a provoquée dans la plupart de nos villages comtois qui, jusque-là, n'avaient pas été touchés par l'industrialisation.

J'ai donc, pendant les premières années de ma vie, connu un autre monde qui avait des habitudes, des coutumes, des traditions qui étaient inchangées depuis des siècles. Certaines remontaient au Moyen Age et même au-delà.

Il serait vain de nier le progrès et d'en refuser les avantages, mais on peut être un homme de son temps et ne pas oublier, et aimer les habitudes, les coutumes, les traditions d'autrefois, d'autant plus que le progrès n'est pas toujours une garantie de bonheur.

En évoquant ici mes souvenirs d'enfance, mon but est de faire mieux connaître un passé qui avait son charme et sa grandeur.

On dit souvent que le XIXᵉ siècle s'est terminé en 1914. C'est vrai, et dans ce temps-là on vivait dans la stabilité et la sécurité. La monnaie ne variait pas, l'inflation était inconnue. Les gains étaient modestes, mais fixes. On savait adapter les dépenses aux gains ce qui donnait une existence simple et considérée alors comme confortable.

On gagnait sa vie et la vie était douce. Les fils succédaient aux pères dont ils apprenaient le métier. Il s'était ainsi fondé, à travers les siècles, une longue tradition familiale d'hommes attachés à leur terre, à leur paroisse, à leur village.

C'est cette vie simple d'un village comtois d'autrefois que je désire faire revivre, la vie de tous les jours. Celle du vigneron dans la vigne, du cultivateur faisant les foins, les moissons et soignant ses bêtes. Celle du bûcheron, du journalier, coupant et *fabriquant* le bois de l'*affouage*. Celle aussi des artisans disparus : le bourrelier, le maréchal-ferrant, le charron, le sabotier qui faisaient tout de leurs mains et avaient l'amour de l'ouvrage bien fait.

Le village avait ses notables. C'étaient des personnages qui jouissaient d'un grand prestige, qui étaient écoutés de tous et dévoués à tous. C'était l'époque de la fameuse trilogie : le maire, le curé, le maître d'école. Souvent, le curé et le maître d'école s'opposaient, se querellaient. Ce n'était pas le cas à Rougemont où l'un respectait les idées de l'autre car sur le fond : amour du prochain, du terroir, de la patrie, ils étaient d'accord.

Les fêtes profanes et religieuses, étaient l'occasion de rencontres, de réjouissances, de recueillements. Il y avait la fête patronale avec ses attractions, son bal, ses chevaux de bois. Il y avait le 14 juillet avec sa retraite aux flambeaux et ses jeux populaires. Il y avait aussi les fêtes religieuses avec leurs coutumes disparues.

Les grands événements de l'existence : naissance, baptême, mariage, mort, étaient marqués pour tous par des coutumes, religieuses ou non, qui étaient prétextes à de grands rassemblements familiaux ou sociaux.

Puis il y avait les habitudes communes à tous.

Les gens des villages du canton se retrouvaient chaque vendredi au marché, deux fois par mois à la foire et chaque année aux concours du Comice agricole dont le traditionnel banquet réunissait les autorités qui exaltaient, dans des discours très applaudis, l'agriculture et la République.

C'était aussi l'époque où chaque famille, périodiquement, tuait le cochon ; où la lessive, que l'on faisait deux fois l'an, avait valeur d'institution au cours de laquelle évoluaient les « laveuses de lessive ».

De temps en temps les roulottes des « camps-volants » qui étaient des vanniers, des *pattiers* ou des montreurs d'ours, s'installaient sur la route de Cuse éveillant la curiosité publique et la peur des gosses.

Suivant les âges, les jeux variaient.

Les enfants jouaient aux billes bien sûr, en employant des termes du terroir, des mots de chez nous, ils jouaient aussi à des jeux oubliés, qu'ils inventaient souvent, qui ne coûtaient rien et qui les passionnaient, comme le quinet, la paume au trou, la trousse, la gane, la galine, le cheval-fort. A l'automne, dans les prés, en gardant les vaches, c'étaient les jeux de bergers et en hiver les folles glissades en sabots ou en luges dans les côtes du village.

Plus tard, pour l'Epiphanie, c'étaient les rois mages.

Quand les jeunes avaient l'âge de « tirer au sort » ils reprenaient de leurs anciens les traditions des conscrits : le mortier, les pois frits, le mai, les lauriers, les aubades, le jeu de quilles de la fête et aussi la « noce » du Conseil de révision.

A la veillée, à la lueur du feu de bois qui crépitait dans l'âtre on racontait les contes et les légendes du pays, le plus souvent en patois ou émaillés de ces mots comtois qui sentent si bon le terroir.

C'est donc cette vie de mon village, entre 1909 et 1914, que j'évoque dans ces pages. Ce sont mes souvenirs d'enfance confrontés avec les souvenirs de certains de ceux qui furent alors mes camarades [1].

Mais direz-vous, il s'agit d'un village, du vôtre, de celui où vous êtes né et où vous avez grandi ?

1. Je tiens à remercier tous ceux — des anciens du pays — qui m'ont aidé à écrire ce livre en répondant, en partie ou en totalité, au questionnaire de six pages que je leur avais adressé.

Deux d'entre eux méritent une mention spéciale : le professeur René Nauroy qui, à 86 ans, a conservé une extraordinaire connaissance de nos jeux d'enfants. Le Colonel Marcel Guillaume, mort en 1976, quelques semaines après m'avoir adressé des réponses détaillées qui m'ont été particulièrement précieuses. Je rends ici hommage à la mémoire de Marcel Guillaume qui aimait tant Rougemont et la Franche-Comté.

Mise à part la présentation qui est spécifiquement celle de mon village, tout le reste, au détail près, est de tous les villages.

Chaque Comtois j'en suis sûr, retrouvera à chaque page ses propres souvenirs. Je crois même que beaucoup de choses sont vraies pour tous les villages de France. Par exemple, je l'ai lu pour le village lorrain de Pierre Gaxotte [1], le village du Loiret de Maurice Genevoix [2], le village du Gévaudan de Robert Sabatier [3].

Je souhaite que dans ce livre, où tout est vrai, les vieux retrouvent le visage de leur enfance et que les jeunes, qui s'étonneront peut-être de certaines coutumes, écoutent du fond d'eux-mêmes des échos de leurs anciens.

1. Pierre Gaxotte « Mon village et moi », Flammarion, 1968.
2. Maurice Genevoix « Au cadran de mon clocher », Presse de la Cité, 1960.
3. Robert Sabatier « Les noisettes sauvages », Albin Michel, 1974.

PRÉSENTATION DE MON VILLAGE

Mon village c'est Rougemont. C'est un gros village : un bourg. On l'aperçoit d'assez loin quel que soit le côté par lequel on arrive.

Par-dessus les forêts et les collines d'alentour on le voit, venant de l'Isle, depuis la côte d'Uzelle, venant de Clerval, depuis la côte de Fontenelle, venant de Baume, dès la sortie de Romain, venant de Montbozon, dès la côte de Cognière, venant de Besançon dès la sortie du bois, il est là, perché sur son piton. Mais pour juger Rougemont, pour l'apprécier, il faut le voir de la route de Tressandans, ou de la route de Bonnal.

Chaque fois que je franchis le Semblon et que, brusquement, je découvre Rougemont, j'ai toujours un coup au cœur.

C'est beau !

J'ai voyagé beaucoup, j'ai parcouru le monde. Je connais tous les pays d'Europe, l'Albanie exceptée ; je connais les Amériques, au Nord : les Etats-Unis, le Canada, le Mexique ; au Sud : le Vénézuela, la Colombie, l'Equateur ; je connais l'Afrique : l'Algérie, la Tunisie, le Maroc, le Sahara, le Cameroun, le Gabon ; je connais le Proche-Orient : Israel, l'Egypte, l'Iran, la Turquie ; l'Orient plus lointain : le Japon, Hong-Kong et un coin de Chine, la Thaïlande, la Birmanie, l'Inde, le Népal, l'Indonésie, les fonds lointains de la Russie. J'ai vu beaucoup de belles choses, beaucoup de beaux villages, j'en ai vu d'aussi beaux que mon village, je n'en ai pas vu de plus beaux !

Enfant, je m'arrêtais sous un arbre de la route de Tressandans à cent mètres environ du haut de la côte, ou sur la route de Bonnal vers la haie d'épine taillée qui bordait alors la route sur une centaine de mètres et je regardais !

Rougemont était là sous mes yeux, tel qu'il était depuis des siècles, tel qu'il avait été reconstruit, dans la seconde moitié du XVIIe siècle, après la guerre des Suédois. Il était là groupé, rassemblé sur les pentes de la Citadelle et de Rougemontot et dans le val qui s'étend entre les deux collines. J'admirais les maisons, serrées les unes contre les autres qui s'accrochaient aux côteaux ou s'allongeaient dans le val, du faubourg de Gouhelans au faubourg de Besançon, dominées par l'église et le couvent des Cordeliers qu'on appelait le château ou le « prévent ».

Le village, construit en amphithéâtre, avec ses beaux toits de petites tuiles rouges, se détache sur un fond de montagnes. A gauche les Roches-de-Nans bleutées sous le soleil déclinant, derrière les premières côtes du Jura, à droite Montaucivey et sa chapelle légendaire formant un dôme boisé qui s'arrondit et s'incline vers le « Bois Juif ».

De chaque côté de Rougemont, sur les pentes de Montaucivey et des Gratteries à perte de vue des vignes ; dans la plaine, sur les rives du ruisseau, le Drijeon, de vertes prairies, et à ma hauteur des champs, des champs de *turquie* [1], de céréales, de pommes de terre.

Tout près à droite, à quelques centaines de mètres, tapie au creux d'un pli de terrain, la Chapelle de Saint-Hilaire, sans doute la plus ancienne église de la région, construite, dit-on, à l'emplacement d'un ancien temple païen. C'est l'église paroissiale de Chazelot et de Montferney dont on devine les toits, un peu plus loin, dans la verdure.

Parmi les maisons qui s'étagent sur le versant et au pied de la citadelle on remarque quelques grosses bâtisses qu'en visitant Rougemont je présenterai aux lecteurs : c'est le Presbytère, l'hôtel Bressey-Raigecourt, la Mairie, l'hôtel de Choiseul.

Les rues du village portent des noms qui sont les mêmes depuis des siècles et qui sentent bon, à la fois la simplicité ,le terroir et l'histoire : la rue des Gratteries, la rue des Juifs, la ruelle du Sabbat, la rue du Pont, la Place du marché, la rue du vieux moulin, la grande rue, la rue basse, le chemin des fossés, la petite côte, la grande côte, la rue de traverse, la rue de l'Eglise, la rue de la gla-

----

1. Turquie : maïs.

cière, la rue du Château, la rue des tours, la rue des Chevaliers de Saint-Georges...

Rougemont était autrefois une place forte. Le château fut à l'origine de l'une des familles les plus illustres de la province. Le bourg s'édifia à l'entour, il était clos de murs. Les maisons peu à peu étaient descendues le long des côtes, puis avaient rempli le val et débordé les murs pour se grouper au pied de la première église paroissiale de la Sainte-Trinité et de son cimetière qui étaient au sommet de la colline de Rougemontot.

La ville fut incendiée et pillée par les troupes de Louis XI en 1479, puis de nouveau en 1595 par Tremblecourt.

Pendant la guerre de dix ans « la guerre des Suédois » comme on dit encore dans le pays, Rougemont de 1636 à 1639 fut anéantie, ses murailles furent rasées. C'est dans les années qui suivirent que le village fut reconstruit tel qu'il nous apparaît aujourd'hui.

Les tours ruinées du château et quelques vestiges de portes existaient encore. Les tours ont été démolies en 1809, par leur propriétaire, le Marquis de Grammont. Il restait la Chapelle du château qui est devenue l'église paroissiale. Reconstruite au xve siècle elle a été complètement remaniée au xviiie et au xixe siècles. Derrière l'église, le Presbytère est une vieille et belle maison à tourelle, un vestige reconstruit de l'ancien château.

Nous sommes, ne l'oublions pas en 1910, le couvent des Cordeliers vient d'être reconstruit entre 1900 et 1902 dans son beau style du xve siècle. Destiné à un préventorium il n'a jamais été occupé faute d'argent. Autour, dans de pauvres maisons délabrées vit toute une population.

En parcourant la rue du château et la rue des tours on découvre des fenêtres à meneaux et à accolades, des tourelles d'escaliers, notamment dans l'une d'elles où la mère Musner tient une épicerie-bistrot. C'est la maison de Philibert de Mollans [1].

C'est là, qu'autour de 1439, il fonda la Confrérie de Saint-Georges, c'est là que pendant deux siècles s'assembla chaque année, le 23 avril, fête de son saint patron, la noblesse comtoise. La veille les chevaliers arrivaient par le chemin des vignes, qui n'a pas cessé d'exister et qu'on appelle depuis lors le chemin des Chevaliers de Saint-Georges.

1. Cette maison sera reconstruite dans son style d'époque en 1930.

En face de la Maison de Philibert de Mollans, une vieille et grosse maison, avec une cour et un jardin clos de murs et fermés par une grande porte de bois, c'est l'école des filles et l'école maternelle, auxquelles s'appuient tout près du lavoir-fontaine, les ruines d'une vieille porte [1].

Descendons la grande côte. A mi-côte, à gauche, on trouve l'hôtel de Bressey-Raigecourt, avec ses terrasses surélevées et ses escaliers de pierre. C'est maintenant la maison des œuvres, c'est là que chaque année au moment de Noël, on joue la Crèche, et en cours d'année beaucoup d'autres pièces. Voici sur cette maison une anecdote curieuse : son propriétaire, le Comte de Bressey-Raigecourt fut, pendant la Révolution, le seul habitant de Rougemont qui émigra. La maison fut vendue comme bien national et payée en assignats correspondant à la somme ridicule de 4,5 F.

En descendant par la rue de l'église on trouve, à droite, en débouchant sur la place du marché, l'hôtel Duvernet de la Cassagne avec ses grandes portes voûtées, sa tourelle et son jardin clos. C'est près de cette place qu'à été construit en 1834 notre massif Hôtel de Ville, flanqué des halles et du lavoir central et, devant, d'une monumentale fontaine à deux bassins alimentés par des bouches qui crachent sans fin une eau limpide et pure. Sur la place encore, au coin de la rue de la glacière une belle maison du xve siècle, avec son grand escalier de pierre et sa tourelle ronde au levant. Cette maison aurait appartenu à l'archevêque Thiébaud de Rougemont.

Sur la route de Gouhelans a été reconstruite une des portes qui donnaient accès à Rougemont, c'est la porte du Vieux Moulin avec son *arc* et ses deux tours à poivrière. Tout près existe un élégant château du xviiie siècle, édifié vers 1765 et qui est aujourd'hui l'hospice. Dans son parc, plusieurs sapins dont un immense. « Le sapin de l'hôpital » est légendaire, c'est à la fois un point de repère et de comparaison. Quand deux gosses parlent de quelque chose de très haut, ils disent : « C'est plus grand que le sapin de l'hôpital ! » [2].

A côté de l'hospice une vieille ferme, avec ses belles pierres, ses grands toits, son pigeonnier carré à toit pointu, qui est un

1. Cette maison est aujourd'hui « Le Foyer ».
2. Ce sapin, malade, a dû être abattu vers 1930.

reste du château du marquis Charles Antoine de la Baume-Montrevel, dernier seigneur de Rougemont.

De l'autre côté de Rougemont, dans la rue basse, un peu cachée, une belle maison : l'hôtel de Choiseul avec ses tourelles et ses magnifiques cours et jardins [1]. Il était situé tout près de la porte Fourquée démolie en 1868.

Les maisons de Rougemont, construites en belles pierres du pays et couvertes de petites tuiles rondes, sont diverses, elles n'ont pas un type tranché. Elles varient avec l'activité de l'occupant. La plupart des maisons ont été construites ai-je dit entre 1660 et 1720 après la guerre des Suédois, alors que le pays reprenait vie, se repeuplait, profitant d'une longue période de paix à peine troublée en 1674 par la conquête française.

Rougemont a toujours été un pays de culture et jusqu'à 1914 la culture principale était celle de la vigne. Il y avait quelques cultivateurs classiques puis un commerce et un artisanat prospère stimulés par les foires et marchés qui attiraient à Rougemont les habitants des villages proches et lointains.

Les vignerons habitaient généralement dans les côtes, car pour eux, la pièce principale, si je puis dire, était la cave. Les caves, souvent voûtées, sont creusées dans le rocher, elles sont fraîches et vastes. La maison d'habitation est construite au-dessus de la cave, on y accède parfois par un escalier extérieur protégé d'un toit. Le logement se compose le plus souvent de deux pièces : *l'outau* et le *poële*. L'*outau* c'est la cuisine, la pièce principale de la maison, celle où l'on vit. Elle comporte une cheminée à hotte à laquelle pendent les salaisons. La pierre de la cheminée (ou quelquefois la pierre au-dessus de la porte d'entrée) porte une inscription, généralement celle-ci : au-dessus d'un cœur, une croix, dessous le monogramme du Christ IHS (Jesus Hominum, Salvator), une date, celle de la construction de la maison, et des initiales vraisemblablement celles du premier occupant.

Au centre de l'*outau* une grande table rustique avec des bancs ou des chaises de bois, un meuble comtois : le vaisselier, formé d'une crédance surmontée de rayons où l'on expose de vieilles assiettes.

A cette époque, la crémaillère n'existait plus, elle était rem-

---

1. C'est aujourd'hui « Le Manoir », l'école des auxiliaires puéricultrices.

placée par un fourneau de fonte venant de Fallon ou de Larians, sur lequel on cuisinait.

Le *poële* était la chambre à coucher. Celle aussi où l'on mangeait les jours de fête. Elle comportait plusieurs lits, parfois à baldaquins, une grande table, des chaises et la classique armoire comtoise où l'on rangeait le linge.

Les cultivateurs habitent le « plat pays » ou le bas des côtes. Les fermes se ressemblent, elles comportent l'écurie, la grange avec une grande porte voûtée et la maison d'habitation. La grange est fermée par une vaste porte de bois s'ouvrant à deux battants, dans chacun de ces battants pour l'éclairage, une ouverture en forme de cœur. Au printemps, les hirondelles profitent de ces ouvertures pour construire leurs nids sous les poutres de la grange.

Dans cette maison traditionnelle les pièces sont au rez-de-chaussée, de plain pied. On entrait généralement dans l'*outau* qui avait un accès direct à la grange, très vaste et élevée. Pour aller au *poële* on traversait l'*outau*. Comme les maisons de vignerons, celles des cultivateurs n'ont que deux pièces. Très rares sont celles qui ont une *chambr' en haut*, le dessus des chambres était, le plus souvent le grenier à foin.

Les toits de Rougemont, je l'ai dit, sont beaux, grands, couverts de petites tuiles rondes. Ceux des fermes sont très hauts pour avoir le maximum de place pour les récoltes. Mais certains de ces toits ont été construits dans un but intéressé. Longtemps dans mon village il y a eu l'*affouage*. Chaque année, chacun des foyers recevait gratuitement une portion de bois d'œuvre et une portion de bois de chauffage. Le mode d'attribution de l'affouage a varié au cours des âges, à une époque la quantité de bois reçue était proportionnelle à la surface réelle des toits. Cela explique sans doute la dimension de certains toits dont l'entretien, aujourd'hui coûte cher !

Rougemont a toujours été un village au commerce prospère où l'on vient s'approvisionner des villages voisins. Les artisans et les commerçants sont installés au centre du village, dans la grande rue, la rue du vieux moulin, la rue du pont. Au rez-de-chaussée est installé le magasin, aux étages — beaucoup de maisons en ont deux — sont l'habitation et les réserves.

Pour alimenter en eau la population et le bétail, chaque quartier a sa fontaine, il y en a six dont les *gouliches* crachent une eau pure et claire jour et nuit. Deux de ces fontaines celle de la mairie et celle de Rougemontot ont un certain caractère artistique — les autres sont des bassins de pierre purement utilitaires. Ces fontaines étaient un lieu de rencontre, elles occupaient une grande place dans la vie des quartiers. Aujourd'hui, malgré les fleurs, elles ne sont plus que des décors sans âmes.

Depuis 1896 le chemin de fer traverse Rougemont. La gare est à peine à deux cents mètres de la place du marché et non seulement son installation n'a pas nui au cachet de l'ensemble mais elle a permis d'améliorer le centre. La place avec ses tilleuls taillés en parasol a été agrandie et une belle avenue plantée de marronniers conduit à la gare.

Rougemont est un beau village, groupé et homogène, dont nous allons maintenant vivre la vie, les habitudes, les usages et les traditions.

LES ACTIVITÉS DE MON VILLAGE

Quand je songe, quand je réfléchis à la vie de mon village avant 1914, l'image qui domine est celle de gens heureux. La vie, pourtant, était difficile, plus difficile qu'aujourd'hui, mais chacun se contentait de sa situation. Les gens étaient heureux, tout simplement parce qu'ils croyaient l'être !

J'ai le souvenir aussi d'une grande solidarité. Certes, il y avait des riches, des moins riches et des pauvres, mais pas de rivalité de classes, les gens ne s'opposaient pas les uns aux autres. Ils se connaissaient tous, ils s'estimaient, ils s'aimaient, ils s'aidaient. Si un vigneron ou un paysan tombait malade, ses voisins l'aidaient, ils s'associaient pour effectuer ses travaux et rentrer ses récoltes. Tous étaient amoureux de leur village et se sentaient solidaires les uns des autres.

On appelait les nouveaux venus « les étrangers » même s'ils venaient d'un village proche, mais on ne leur marquait aucune hostilité, au contraire. On leur laissait le temps de s'intégrer à la communauté.

Quelles étaient donc les activités de l'époque et comment vivait-on ? A peu de choses près comme on vivait deux siècles auparavant.

Les *chenevières* et les tisserands avaient disparu, ainsi que les moulins et les lampes à huile. Chez quelques rares cultivateurs très aisés, on le verra, apparaissaient les premières machines agricoles, mais le plus grand nombre travaillait la vigne de la même façon, fauchait, fanait et moissonnait comme autrefois. Les artisans intégrés à la vie rurale travaillaient comme leurs ancêtres.

La vigne, malgré la crise qui allait l'emporter, représentait encore 40 % de l'activité économique du village. L'agriculture, l'artisanat et le commerce se partageaient le reste sensiblement à parts égales.

Dans ce gros village, chef lieu de canton, résidaient de nombreux fonctionnaires ou assimilés : cinq instituteurs, un receveur des postes et trois facteurs, deux percepteurs, deux *rats de cave* [1], un agent voyer et cinq cantonniers, cinq gendarmes à cheval, un juge de paix, un chef de gare et deux agents cheminots. On comptait quelques professions libérales, un médecin, un pharmacien, deux notaires.

Il y avait deux prêtres à la paroisse et quatre religieuses à l'hospice et aussi les représentants d'une race aujourd'hui disparue : des rentiers, sept ou huit en tout.

En marge de tous ceux-là vivaient quelques dizaines d'hommes et de femmes qui n'avaient pas d'activité stable et qu'on appelait les « journaliers ». Ils louaient leurs services à tous au gré des saisons et des besoins de chacun. Les hommes étaient bûcherons en hiver, ils *fabriquaient* aussi le bois des gens, ils étaient vignerons au printemps, faneurs et moissonneurs en été, vendangeurs à l'automne. Les femmes étaient laveuses de lessive, matelassières et suivant les saisons elles récoltaient et vendaient des *cramaillots* [2], du cresson, des *roussottes* [3], des fraises des bois, des mûres, des framboises, j'en oublie.

Tout ce monde disparate composait une communauté unie.

La vigne.

La vigne existe à Rougemont de temps immémorial, son implantation date sans doute de la fin du premier millénaire. Elle se développe sans cesse pour atteindre au XVIIIe et XIXe siècles 60 % de l'activité économique du pays. Tous les coteaux de Montaucivey, de la Citadelle, des Gratteries, une partie des Cuisottes et de la Chaux étaient plantés de vigne. Le vin du pays se vendait surtout dans la région de Montbéliard et une quantité moindre sur Lyon, Lure et les Vosges. Le vin était de qualité moyenne, quoique certains crus, le « Champotey » et le gamay de « Bourdon » avaient une réputation régionale.

1. Rat de cave : contrôleur des contributions indirectes.
2. Cramaillots : pissenlits.
3. Roussottes : chanterelles.

Presque deux cent cinquante familles de Rougemont, sur un peu plus de trois cents, possédaient de la vigne. Les plus petits vignerons cultivaient quelques ouvrées qui assuraient leur subsistance. L'ouvrée était la seule mesure utilisée pour la vigne, elle valait 4,44 ares et représentait ce qu'un ouvrier pouvait faire à la vigne comme ouvrage (ouvrée) en une journée.

Bon an, mal an, dans l'ensemble, le vigneron avait une vie acceptable. Mais autour de 1880-1890 survint la catastrophe : le phylloxera.

Le phylloxera est un insecte très petit, voisin du puceron, dont une espèce originaire d'Amérique s'attaque à la vigne. Il trouva dans le vignoble de Rougemont, appauvri par une culture très ancienne et le manque d'engrais un terrain de choix. Il prit rapidement les proportions d'une calamité. Plus de la moitié du vignoble fut détruit.

Au lieu de défendre leurs vignes les plus réputées les vignerons choisirent la solution de facilité en plantant des cépages étrangers. Pendant un temps ils crurent avoir gagné, aussi s'accrochèrent-ils à leurs vignes qui leur permettaient de vivre mieux que les paysans. Ils continuèrent donc à les cultiver, comme leurs ancêtres l'avaient toujours fait.

Le premier piochage était profond, il se pratiquait en mars et avril, cela s'appelait *sombrer*.

La taille avait lieu également en mars, on utilisait déjà le sécateur qui avait remplacé la serpette.

En juillet avait lieu un deuxième piochage plus superficiel, cela s'appelait retoucher, ou en patois *retercer*. Au préalable on avait *sarclé* ou *taillé en vert*, c'est-à-dire retiré sur chaque pied les grappes en surnombre. Un peu plus tard on allait *émoucher* ou *émécher*, c'est-à-dire supprimer les rejets, tailler en hauteur et aligner sur les côtés pour permettre au soleil de pénétrer jusqu'au pied. Les plus minutieux, à l'automne, avant les vendanges, piochaient la vigne une troisième fois, cela s'appelait *reférir*.

Chaque pied de vigne était attaché à un *palis*, c'est-à-dire un paisseau ou échalas, avec deux ou trois brins de paille de seigle. Les échalas étaient préparés en hiver, ils étaient généralement en érable ou en saule de forêt. Les *glorieux* les faisaient même en chêne.

À Rougemont où certains coteaux étaient très en pente, il fallait remonter la terre. Cela se faisait à dos d'homme dans des hottes. C'était un travail pénible qui s'effectuait en hiver. Avec les pierres récupérées on dressait des *murgers* qui retenaient la terre.

Tout ce travail avait un aboutissement : la vendange. La vendange se faisait en octobre, sans main-d'œuvre étrangère, la famille et les journaliers du village suffisaient à la tâche.

Sur l'avant du chariot à planches, traîné chez quelques-uns par des vaches, chez d'autres par des bœufs, chez les plus aisés par un cheval, était la *criblette*. C'était une grande cuve, avec au-dessus une planche à trous où l'on égrappait le raisin qui était apporté dans des *bouilles*, espèces de hottes en bois plein dans lesquelles les vignerons portent le raisin de la vigne à la cuve. À l'arrière du chariot, un ou deux déchargeoirs, ou grandes cuves étaient destinés à recevoir le contenu de la *criblette*.

Une toute petite partie de la récolte était immédiatement pressée pour faire du vin blanc doux appelé « vin bourru » parce qu'il était trouble. Il était apprécié des vignerons et surtout des enfants.

L'essentiel de la vendange était versé dans des fûts de deux, quatre, dix pièces, la pièce valait deux cents litres, les plus gros tonneaux contenaient donc deux milles litres, rarement plus. La fermentation s'opérait lentement, c'est en février, par temps sec, pour une raison de conservation que le vin était soutiré. Tout ce qui venait comme liquide clair était mis en tonneaux destinés à la vente.

À ce qui restait, l'épais, les pulpes, on adjoignait de l'eau et un peu de sucre pour faire la « piquette », la fameuse « piquette » qui servait à la consommation courante de la famille. Mais en Franche-Comté, rien ne se perd, la « piquette » claire une fois tirée il restait au fond un résidu appelé *la genne*. Ces résidus étaient rassemblés dans un tonneau, pressés et fermés hermétiquement pour que l'air ne pénètre pas, par une couche de marne ou de cendre. À l'époque de la distillation on en tirait un marc bien médiocre, mais parfois passable si le cépage était de qualité.

Au phylloxera qui frappait alors la vigne s'ajouta pendant deux années consécutives, 1909 et 1910, le mauvais temps. La gelée d'abord, la pluie ensuite allaient provoquer des maladies nouvelles. Deux champignons, le mildiou et l'oïdium en s'attaquant à la vigne allaient ruiner la récolte.

Beaucoup de vignerons perdirent patience et dirent : « Je veux tout arracher, je ne veux plus replanter. » De fait, ces années-là, on commence à arracher aux « Cuisottes » et à la « Chaux » où les vignes deviennent des prés.

Le coup fatal fut porté à la vigne par la guerre qui allait la priver de main-d'œuvre et par l'évolution sociale qui appelait ailleurs les fils de vignerons [1].

Les foins.

Toute la plaine et le bas des coteaux étaient en prairie naturelle et déjà certaines vignes avaient été transformées en prés. Si les regains appartenaient en partie à la commune qui chaque année les louait et si la vaine pâture existait encore, les foins étaient aux habitants et d'abord aux cultivateurs. Quelques machines agricoles : faucheuses, faneuses, râteleuses, commençaient à apparaître chez les plus aisés, mais elles étaient rares et les foins, dans l'ensemble se faisaient comme à l'ancien temps. Ils commençaient généralement un lundi de juin. La semaine qui précédait, on préparait le matériel. On réparait les fourches, on remettait des dents aux râteaux de bois et surtout on battait et aiguisait les faux.

Le battage des faux revêtait tout un cérémonial. Assis sur le sol le faucheur avec son petit marteau battait sa faux sur une enclume plantée dans le sol ou sur un tronc d'arbre. La faux bien battue, il sortait du *couvier* [1] la pierre à aiguiser et d'un geste large affûtait la faux.

Le lundi, de bon matin vers quatre heures, en pleine rosée les hommes partaient, la faux sur l'épaule, le *couvier* accroché derrière, à la ceinture, portant dans un cabas le marteau et l'enclume. Ils fauchaient souvent à quatre ou cinq, l'un derrière l'autre, légèrement décalés, à la cadence du premier. Leur marche était

---

1. La documentation sur la vigne a été puisé en partie dans: « Histoire de Cuse-et-Adrisans, de Nans, Gondenans-les-Moulins » par l'abbé Alfred Bouveresse.
2. Couvier : étui en fer étamé, en bois ou en corne, dans lequel on plaçait la pierre à aiguiser.

rythmée par le crissement des faux coupant l'herbe en de larges travées et laissant sur le pré des andains parfaitement alignés.

Vers huit heures la femme leur apportait à manger, et après un court arrêt le travail reprenait tant que durait la rosée. Alors un peu las, les faucheurs regagnaient la maison.

Dès que le soleil commençait à poindre, les femmes et les enfants venaient faner. Avec des fourches de bois ils étendaient les andains en secouant le foin. Au début de l'après-midi, on retournait le foin. Dans la soirée, il était rassemblé en boudins et les hommes qui s'étaient reposés du travail du matin, avec des fourches de fer le mettaient en *cabottes* pour la nuit.

Le lendemain les faucheurs reprenaient leur dur travail dans une autre partie de prairie. Les femmes étendaient les *cabottes* et dans la journée retournaient encore le foin. Par beau temps, en juin, il fallait deux jours pour sécher le foin. Ce n'est que le soir du deuxième jour que l'on rentrait le foin après l'avoir mis à nouveau en *cabottes* pour le charger sur les voitures. Ces voitures, traînées par des bœufs ou le plus souvent par des chevaux, étaient des voitures à échelles ou des fourragères. Généralement c'était une femme qui « faisait la voiture ». Un homme avec une fourche lui passait le foin qu'elle prenait par brassées et qu'elle rangeait avec précaution sur une largeur et une hauteur de près de deux mètres. La voiture chargée on la *peignait* de côté et derrière et avec des cordes fixées à l'échelle avant on serrait le foin en enroulant les cordes sur un tambour placé à l'arrière de la voiture [1]. Le soir même on déchargeait les voitures à la grange.

Les journées des foins étaient longues. C'était surtout pour les hommes qui fauchaient le matin, un travail fatigant. Mais faner est agréable, j'ai souvent fait les foins dans mon enfance, pour moi c'était un jeu dont je garde un bon souvenir. J'étais un peu dans l'état d'esprit de Madame de Sévigné qui écrivait à sa fille, je cite de mémoire : « J'ai fait aujourd'hui la chose la plus délicieuse du monde, j'ai fané. Faner c'est batifoler dans la prairie en remuant du foin... »

Cela prouve qu'en trois siècles les choses n'avaient pas tellement changé.

1. On se servait aussi d'une perche.

Je n'ai pas le souvenir que les vendanges donnaient lieu à une réjouissance spéciale, mais à la fin des foins (pour les cultivateurs c'était reporté à la fin des moissons) on attachait à la dernière voiture au-dessus de l'échelle, une branche d'arbre enguirlandée de rubans qu'on appelait « *le chat* ». C'était, le soir, l'occasion d'un festin auquel étaient conviés tous ceux qui avaient participé au travail et quelques amis

Dès le matin, la ménagère commençait les préparatifs. Elle tuait des lapins ou volailles de son élevage et surtout préparait une montagne de desserts, généralement des tartes et des beignets. Le repas, bien arrosé commençait vers sept heures et se terminait tard dans la nuit. Les enfants étaient autorisés à veiller. A la fin du repas on chantait, c'était le plus âgé des convives qui entonnait le premier couplet.

Dans certains pays on appelait cela le *tue-chat*. Je ne pense pas qu'à une époque on ait sacrifié le chat de la maison à ces festivités, le mot indiquait, je crois, qu'on tuait des animaux pour fêter un événement heureux : une récolte bien rentrée que l'on pourrait vendre pour assurer la vie de la famille.

Les moissons.

Pour les cultivateurs, à peine les foins rentrés, on commençait les moissons et ce n'est qu'à la fin des moissons qu'on pendait le *chat*.

Les champs de Rougemont sont au Nord du village, ils vont jusqu'aux bois de Chassagne et de la Corne et jusqu'aux limites de Montferney. Le « Semblon » a toujours été le centre des cultures céréalières. Les principales cultures, au début du siècle, étaient le blé, l'avoine (ou averne), le seigle et le turquie (maïs).

Pour labourer leurs champs quelques cultivateurs avaient déjà des charrues modernes, à deux socles, qu'on appelait des « brabant », mais les autres utilisaient encore la charrue de bois aux deux poignées, traînée par des bœufs ou des chevaux. Le laboureur marchait à pas lents, dirigeant la charrue pour un labour bien droit, en *récriant* ses chevaux et ses bœufs, se servant parfois du fouet ou de l'aiguillon.

On semait encore à la main, d'un geste large, marchant d'un

pas régulier, puisant le grain à la poignée dans un sac fixé sur le devant et passé en bandoulière.

Les deux plus gros cultivateurs avaient déjà une moissonneuse, tous les autres fauchaient encore au *râtelot*. C'est un montage de quatre dents de bois parallèles à la lame de la faux et qui permet de *javeller*, c'est-à-dire de maintenir ensemble les tiges de blé coupées sur toute leur hauteur et de les déposer sur le sol.

Ces *râtelots* de construction à la fois légère, ingénieuse et gracieuse permettaient à chaque moissonneur de faire son demi-*journal*, soit le sixième d'un hectare, de l'aube au soir.

Les femmes suivaient les moissonneurs pour ranger les javelles, qui par trois ou quatre étaient rassemblées en une gerbe liée par un lien de paille de seigle. Les gerbes mises en tas étaient ensuite chargées sur une voiture à échelles ou une fourragère pour être rentrées à la ferme. Après la moisson, le glanage était autorisé.

Pour les besoins immédiats et pour de petites quantités, il arrivait encore de battre au fléau, mais on employait généralement le battoir familial, installé au fond de la grange et qui comportait, suivant l'importance de la ferme, un manège à un ou deux chevaux. Les deux ou trois plus gros cultivateurs utilisaient déjà le « battoir mécanique ». C'était une grosse machine montée sur roues et actionnée à l'aide d'une longue courroie par une locomobile à vapeur. Il fallait tout une équipe d'hommes et de femmes pour alimenter le battoir qui sortait d'un côté le blé en sac et de l'autre la paille.

Le *turquie* était encore assez cultivé car les *gaudes* restaient, pour certains, la base de l'alimentation. Les *gaudes* étaient une soupe de farine de maïs qu'on mangeait midi et soir. Dans chaque famille paysanne il y avait un moulin à maïs fixé sur un petit banc sur lequel on s'asseyait pour moudre. Les feuilles de *turquie* séchées servaient pour la paillasse des enfants que l'on pouvait changer souvent. En cachette les enfants fumaient de la *barbe de turquie* roulée dans du papier à cigarette chipé au père, mais surtout cette *barbe de turquie* était utilisée par les mères comme tisane diurétique.

Progressivement les pommes de terre se sont substituées aux *gaudes* dans l'alimentation des comtois et la culture du maïs a disparu pour renaître un demi siècle plus tard pour la nourriture des animaux.

Il n'y avait plus de moulin à Rougemont, les blés du village étaient moulus dans un des nombreux moulins des villages voisins : Montferney, Gondenans-les-Moulins, la Rouchotte.

On vendait les céréales et les fruits au double décalitre. Pour les céréales le double décalitre devait être *raffé*, c'est-à-dire recevoir un coup de *raffe*, de règle qui le laissait juste ras. Pour les fruits au contraire, pêches, pommes, noix, le double décalitre devait être *calnoté* ou *calloté*, c'est-à-dire qu'on en mettait le plus possible, on laissait une calotte au-dessus du ras.

Les vaches et la laiterie.

Avec le vin et le foin, le lait était déjà une des ressources principales du village. Chaque vigneron possédait une ou deux vaches qui lui fournissaient le lait, le beurre et le fromage de sa consommation et même un surplus qu'il vendait. Les cultivateurs possédaient un petit troupeau, mais rares cependant étaient ceux qui avaient plus de dix vaches laitières.

Les vaches étaient souvent mal tenues, on les nourrissait à peu près mais elles étaient sales, elles étaient rarement étriées, on les bouchonnait quand elles faisaient le veau. Aussi portaient-elles en permanence sur le bassin des plaques noires de bouse agglomérée.

Ceux qui n'avaient pas de vaches, les commerçants, les artisans, les fonctionnaires achetaient leur lait chez les cultivateurs. Chaque cultivateur avait sa clientèle propre qui venait le soir, après la traite chercher son lait. La fermière avec des mesures d'étain de différentes tailles puisait le lait dans une grande jatte et remplissait les bidons. Quelques cultivateurs faisaient encore du beurre fermier qu'ils vendaient le vendredi sur le marché, mais la plupart portaient leur surplus à la laiterie.

Vers 1890 une laiterie s'était installée à Rougemont, tout près de la fontaine de Rougemontot. Matin et soir, dans de gros bidons de fer, transportés sur une charrette, le lait était amené à la laiterie qui devenait un lieu de rencontres et de commérages. A cette époque le laitier, le fromager comme on l'appelait, fabriquait surtout du beurre, des fromages à pâte molle, et du metton pour la cancoillotte. Ce n'est que beaucoup plus tard qu'a été organisé le ramassage du lait et la fabrication du gruyère appelé « Comté ».

La forêt.

La forêt a toujours joué un rôle important dans la vie de mon village. Dans les temps anciens, les années de mauvaises récoltes, elle servait, pour le malheur des arbres, à nourrir les animaux. Souvent il a fallu sévir contre cette désastreuse habitude et préserver les bois qui étaient une source de revenus pour les habitants et la commune. L'affouage était le droit, pour chaque famille, de recevoir chaque année du bois de chauffage et aussi du bois de construction qui servait aux réparations de la maison et parfois à la fabrication des meubles. Vers 1865, à Rougemont, l'affouage a été limité au bois de chauffage. Les portions, tirées au sort, étaient distribuées par foyer.

Les vignerons et les cultivateurs *fabriquaient eux-mêmes leur bois*, comme on disait, ce qui consistait à faire les fagots et à mettre en stères les rondins. Les autres, les commerçants, les fonctionnaires, faisaient appel aux journaliers qui en hiver étaient bûcherons et passaient une partie de leur temps à *fabriquer le bois* des gens et à le rentrer.

Autrefois les futaies étaient transformées en planches par les scieurs de long mais depuis un certain temps déjà il existait à Rougemont une scierie hydraulique, la scierie Courtot, qui utilisait le bief d'un ancien moulin et qui, à longueur de journée débitait en planches les arbres de nos forêts, emplissant le village du bruit lancinant des scies dévorant le bois.

Les voituriers, sur leurs voitures dont on pouvait aisément reculer le train arrière en fonction de la longueur des arbres, déposaient les billes près de la scierie. Les ouvriers, avec des crochets spéciaux les roulaient jusqu'à la scie. Quand les planches étaient sciées ils les empilaient derrière la scierie en reconstituant les grumes, les planches étant séparées les unes des autres par des petites lattes.

Pourtant les scieurs de long existaient encore, ils s'étaient spécialisés dans la fabrication des traverses de chemin de fer. Ils travaillaient en forêt ou dans la propriété de celui qui les employait.

Ils travaillaient en équipe de trois. L'un était équarrisseur. Il marquait avec un cordeau frotté de craie de couleur la partie à supprimer et avec sa cognée adroitement, en faisant de grosses *ételles* [1] il laissait une surface nette. Les deux autres manœuvraient la grande scie. La lame était fixée au milieu d'un cadre rectangulaire en bois, long d'un mètre ou deux, aux extrêmités duquel étaient fixées deux poignées. La bille était hissée sur deux chèvres hautes à l'aide de crics et d'échafaudages. Le travail de sciage commençait.

La scie était manœuvrée par les deux hommes, l'un au sol sous la grume, l'autre debout sur celle-ci. Les scieurs se plaçaient « à leur main » les uns préféraient rester au sol, les autres monter sur la bille. Ils suivaient avec régularité un trait tracé sur toute la longueur et sciaient à un rythme immuable en chantant ou sifflant une rengaine du pays. Avec un passe-partout ils coupaient ensuite les traverses à la longueur voulue.

Les artisans.

Les artisans, à Rougemont étaient nombreux. Il y avait deux bourreliers, deux maréchaux-ferrants, un charron, deux cordonniers, deux sabotiers, deux menuisiers, deux entrepreneurs en maçonnerie et charpente, deux peintres en bâtiments, deux ferblantiers, un réparateur de bicyclettes, un serrurier, deux boulangers, un pâtissier, deux bouchers, deux charcutiers, un fromager, deux jardiniers, un coiffeur, un barbier, un tailleur.

Mon propos n'est pas de décrire l'activité de tous ces artisans dont certains existent encore et dont le travail ne s'est pas sensiblement modifié, c'est le cas des cordonniers, des pâtissiers, des coiffeurs, d'autres encore. C'est le cas aussi des bouchers et des charcutiers qui cependant tuaient et débitaient eux-mêmes les bêtes dans nos abattoirs municipaux alors qu'aujourd'hui ils recoivent la viande d'un abattoir régional, ce sont donc des commerçants, non plus des artisans.

* * *

Je retiendrai surtout les activités de ceux qui ont disparu et qui s'intégraient si bien à la vie rurale d'alors. Par exemple les bourreliers.

1. Etelles : éclats de bois.

L'un des deux bourreliers, le père Marin, habitait près de chez nous, son atelier jouxtait la propriété de mon père. Je passais, surtout le jeudi, des heures à le regarder travailler. J'étais un enfant turbulent, il m'appelait « Robert-le-Diable » mais il m'aimait bien et parfois m'expliquait son travail.

Le bourrelier appartenait vraiment à la tradition rurale, il se consacrait exclusivement aux chevaux, aux bœufs et à leur harnachement. Il confectionnait des traits, des harnais, des colliers, des garnitures de jougs. Pour les traits et les harnais, il utilisait des cuirs forts, des peaux de bovins corroyées, pour les colliers et les garnitures des cuirs mous, des peaux de moutons. Il préparait lui-même une partie de ses cuirs dans une petite tannerie située le long du ruisseau, à une centaine de mètres du pont de la route de Cuse.

Il se servait d'outils qui m'impressionnaient. Il découpait le cuir à l'aide d'un ciseau spécial, à ouverture réglée, pour effectuer un tracé régulier. Le couteau à pied servait à affiner le cuir, le couteau à parer à réduire l'épaisseur. Pour percer les trous dans le cuir, il utilisait des pinces spéciales, des emporte-pièces qui fabriquaient des petites rondelles de cuir qui m'amusaient. Il avait une collection d'alènes, ces pointes d'acier montées sur des manches en bois dur qui servaient à faire les « avant-trous » pour faciliter le passage de l'aiguille. Pour coudre il passait son fil dans la poix et le lissait, il s'aidait de pinces à coudre, de longues pinces de bois qu'il serrait entre ses jambes pour maintenir les brides.

J'aimais le voir fabriquer les colliers. Il les faisait à la mesure du cheval dont il relevait avec précision l'encolure. Le collier était formé d'un corps sur lequel étaient fixées deux attelles en bois doublées de ferrures. Pour ne pas blesser le cheval, le collier était doublé de toile et rembourré de crin et de laine. Pour l'agrémenter il le peignait d'un verni noir et plantait de beaux clous à tête dorée demi-sphérique. Quand il posait le collier fini, dehors, contre la boiserie de sa vitrine, sa bonne figure ronde et colorée s'animait, ses yeux, derrière ses lunettes cerclées d'acier, reflétaient la satisfaction de « l'ouvrage bien fait ».

Le tracteur a tué le bourrelier, le seul représentant du travail du cuir reste le cordonnier.

* * *

Le maréchal-ferrant lui aussi appartenait à la tradition rurale. Dans mon village il y en avait deux, les frères Ducroux dont la forge était rue du pont et Culot dont la forge était dans la Grande Rue.

Je connaissais bien la forge des Ducroux qui ferraient nos chevaux. C'était une modeste baraque adossée à l'hôtel Bizot. Elle comportait deux forges jumelées, une pour chacun des frères. Chacun aussi disposait d'un gros soufflet à vent actionné par une poignée fixée à une chaîne et dont le tuyau allait souffler dans un foyer bâti en briques où est le « nid », sorte de cavité ronde où s'effectue la combustion.

A côté étaient les enclumes à deux bigornes, une ronde, une carrée.

Le maréchal disposait de toutes sortes d'outils : pinces, marteaux, piques et seaux pleins d'eau dans lesquels il refroidissait ses outils ou trempait les pièces. Il entretenait son feu, le piquait, y plaçait la pièce à forger, l'entourait de charbon, actionnait le soufflet. Quand elle était prête, il sortait la pièce étincelante et forgeait avec cette musique régulière du forgeron, deux coups clairs sur l'enclume, un coup mat sur la pièce, avec le tintement discret du marteau sur l'enclume, prêt à reprendre son élan et son rythme.

Son travail consistait à forger et à réparer des outils agricoles et des ustensiles ménagers : fourches, pioches, piques, haches, serpes, cognées, pinces. Il ferrait aussi les roues de chariots, mais son travail essentiel était de ferrer les chevaux et les bœufs, un travail qui restait le même, ou presque, depuis le Moyen-Age.

En général le maréchal-ferrant forgeait ses fers en hiver, pendant la morte saison.

Quand un commis de mon père conduisait un cheval *au maréchal*, il m'arrivait de l'accompagner. Le cheval était attaché devant la forge à un solide poteau portant plusieurs anneaux. Le commis tenait successivement les pattes du cheval appuyées sur sa cuisse, présentant le sabot au maréchal. Celui-ci nettoie d'abord soigneusement le sabot, puis à l'aide du rogne-pied, il lime la corne de façon à obtenir une surface parfaitement horizontale.

Le fer se forgeait en deux chaudes au passage du feu. Une première fois il pose le fer chauffé au rouge sur le sabot et l'ajuste au marteau, il se dégage alors une fumée âcre et une forte odeur de corne brûlée. Après une deuxième chaude le fer était définitivement fixé sur le sabot par huit clous. Le maréchal taille les pointes qui dépassent pour les river.

Le cheval est alors bien ferré.

Le ferrage d'un bœuf sur le plan de la forge, était comparable, mais le bœuf était immobilisé et sanglé dans un appareil formé de quatre poutres de bois solidement plantées dans le sol et qu'on appelait *le travail*.

Le tracteur a tué le maréchal ferrant, comme il a tué le bourrelier, mais beaucoup de maréchaux ferrants se sont « reconvertis » en vendeurs et réparateurs de machines agricoles ou en garagistes.

* * *

A cette époque, il existait à Rougemont, comme dans la plupart des villages comtois, un type de chariot original qui, avec quelques adaptations particulières servait à tous les besoins. C'était ce qu'on appelait dans mon village le chariot à planches. Il était à quatre roues solides et roulantes. Construit sans aucun clou, seulement avec des chevilles, on pouvait le démonter et le réparer facilement. Les moyeux et les essieux étaient en hêtre, ainsi que la jante double, le plateau et les rebords en sapin. C'était la voiture rurale par excellence, longue et étroite, dans laquelle le train arrière pouvait se reculer pour le transport des arbres.

Ces chariots étaient fabriqués par des artisans spécialisés : les charrons. A Rougemont, autour de 1910, un artisan entreprenant, Fournerot, avait installé sur l'avenue de la gare, un atelier moderne de charron. Doté de machines spéciales pour la fabrication des raies et des roues il satisfaisait aux besoins de Rougemont et des villages voisins. Quand les chariots ont disparu l'atelier s'est transformé en menuiserie du bâtiment.

Un autre artisan du bois, le sabotier. sera présenté plus loin, dans le chapitre consacré aux jeux d'hiver.

* * *

Vers 1910, plusieurs familles « cuisaient encore au four », mais la plupart des habitants achetaient leur pain chez le boulanger. Il y avait deux boulangers, aux mêmes emplacements qu'aujourd'hui, Guillemin, rue du Pont, Boillot dans la rue basse. Ils chauffaient leurs fours au bois, à la charbonnette et pétrissaient à la main. C'était un dur métier, car pour que le pain soit cuit, tôt le matin, le travail du boulanger et de ses mitrons s'effectuait la nuit.

La braise du bois qui avait servi à chauffer le four était vendue aux particuliers.

Il existait à Rougemont deux jardiniers, deux frères, les Jeannin qui avaient leurs exploitations sur la route de Besançon. Ils cultivaient chacun un très grand jardin, pourvu de nombreuses couches et vendaient à la population des légumes printaniers et des plants. Ils étaient aussi un peu pépiniéristes et quand on voulait une haie ou de jeunes arbres, on s'adressait à eux.

J'ai classé les entreprises de maçonnerie parmi les artisans, à la vérité l'une d'entre elles, l'entreprise Thavard était importante et employait plus de cinquante personnes : manœuvres, maçons, charpentiers, menuisiers.

Les commerçants.

Le commerce de Rougemont était prospère. Ce qui dominait c'était les épiceries, réparties dans l'ensemble du village, tenues presque toujours par des femmes, vieilles filles ou femmes mariées dont le mari exerçait une autre profession. Venaient ensuite les cafés : huit, et tous les commerces correspondant aux besoins urgents de la population : deux quincaillers, un marchand de confection, hommes et femmes, un chapelier, un marchand de chaussures, un horloger-bijoutier, deux brasseurs, un marchand de vins.

Deux épiceries avaient un caractère particulier. Sur l'avenue de la gare venait en effet de s'installer : « Les Grands Economats Français » une filiale d'une des premières grandes sociétés à succursales multiples. Ce fut une révolution qui a fait disparaître peu à peu les petits épiciers sans ébranler toutefois l'épicerie traditionnelle du pays, la Maison Jouchoux qui vendait un peu de tout y compris des couronnes mortuaires en perles. Deux femmes douceureuses et commerçantes, officiaient dans la boutique : Madame Jouchoux, forte et souriante et la Félicie Millerin menue et courtoise. J'ai le souvenir qu'un peu avant les vendanges, le père Jouchoux achetait un wagon complet de pains de sucre de différentes tailles. Ces pains de forme conique, arrondis du sommet étaient enveloppés d'un gros papier bleu qui laissait apparaître la pointe. Les pains de sucre étaient déchargés dans la rue et le père Jouchoux mobilisait les gosses pour les monter à la réserve du premier étage. Les gosses ne se faisaient jamais prier, d'autant plus qu'il y avait toujours quelques pains cassés, ce qui leur permettait de resquiller quelques gros morceaux de sucre qu'ils cachaient dans leurs poches. A la fin, ils avaient droit en plus, à un ou deux bonbons anglais que Madame Jouchoux les invitait à prendre dans un gros bocal de verre placé sur le comptoir à l'entrée du magasin.

C'était tout bénéfice pour les gosses et aussi pour le père Jouchoux qui trouvait là une main-d'œuvre bon marché.

Les cafés et les ivrognes.

Les cafés étaient un lieu de rencontre pour les jeunes et les vieux. Six cafés sur huit avaient à la fois un jeu de quilles et un billard. Les jeunes faisaient, surtout le dimanche, des parties de quilles endiablées. Une élite jouait au billard, tous jouaient aux cartes et surtout au tarot. Les perdants, bien sûr, payaient la tournée.

Vers 1910-1911, cinq cafés ont acheté des « pianos mécaniques », on appelait cela des « bastringues ».

On enfilait dedans une pièce de bronze de deux sous et on avait droit à une rengaine à la mode : « Viens poupoule, viens poupoule, viens... ou « Elle avait une jambe de bois... » Il y avait aussi des airs martiaux.

Au café et même chez soi, à Rougemont, pays de vignerons, on buvait ferme. Les ivrognes étaient nombreux, surtout le dimanche. Beaucoup avaient le vin gai, d'autres triste, certains avaient le vin combatif. J'ai le souvenir de trois lascards, qui, tous les jours étaient saoûls. Ils s'appelaient Colot, Clément et Armand.

Dès qu'il avait un verre dans le nez, Colot devenait combatif et provocateur. Il était *brelu*, il louchait, cela devait l'aider à marcher droit, mais de temps en temps il butait et s'étalait de tout son long. Les gens connaissaient son instinct batailleur et quand ils voulaient se venger d'un voisin, ils le faisaient boire et l'excitaient contre lui. Colot marchait à tous les coups, il allait sous les fenêtres du voisin, poussait des *gueulantes* et l'injuriait. On lira ses démêlés avec l'abbé Courtalon qu'il attaqua pour coups et blessures. Il fut non seulement débouté mais condamné pour ivrognerie et tapage nocturne.

Clément avait le vin triste, saoûl il devenait muet et de peur de tomber, il marquait de longs arrêts debout. Mais arrêté il était secoué d'avant en arrière et d'arrière en avant, sur place, d'un perpétuel mouvement de balancement. Les gens lui criaient :

— Alors Clément, t'as mis tes souliers à bascule !

Jamais expression ne m'a paru plus juste. On aurait dit en effet, qu'il portait des souliers à semelles arrondies.

Armand lui, avait le vin éloquent. Dès qu'il avait bu il se lançait dans des discours politiques, il parlait en marchant et portait son parapluie sur l'épaule comme un fusil.

Colot était un journalier un peu *feignant* qui vivait de bric et de broc. Clément et Armand étaient des maçons, des couvreurs. Ils n'avaient pas leur pareil pour monter sur les toits et jamais ils n'ont eu d'accident. On dit qu'il y a un Bon Dieu pour les ivrognes, pour eux c'était vrai. Une année il fallut réparer et repeindre le coq du clocher, le *poulot* comme on disait, c'est eux qui sont allés le décrocher. Ils l'ont promené dans toutes les maisons du village pendant plusieurs jours et partout on leur payait à boire. Quelle fête mes amis !

L'Armand saoûl, piquait des bûches terribles. C'est ainsi qu'un jour il revenait de son travail à Tressandans. la figure pleine de plaies et de sang. Au *Semblon* il rencontre le Noir-Vieillard qui labourait son champ :

— Min k'o s ke vos et, Armand, k'é ske vos è bètu ?

(Mais qu'est ce que vous avez, Armand, qui est-ce qui vous a battu ?)

— â ! s'o trô gayâr : y èvâ roujo, byancho pe brodvi'no.

(Ah ! ce sont trois gaillards : il y avait Rougeot, Blanchot et Brodvinot).

Quand il a été parti la femme du Noir-Vieillard demande à son mari qui c'était ces trois là :

— k'e s ke s'o trô oum lè, te n'lâ kounyè pâ ?

(Qu'est ce que c'est ces trois hommes-là, tu ne les connais pas ? C'était le vin rouge, le vin blanc et l'eau de vie.)

* * *

Telles étaient les activités de mon village, au début du siècle. Mais à ces activités quotidiennes s'ajoutaient la vie de la commune et de la paroisse, la vie scolaire, les jeux des enfants, les traditions des conscrits, les fêtes diverses et bien d'autres choses encore qui feront les sujets des prochains chapitres.

LES NOTABLES

MAIRE ET MÉDECIN : LE VIEUX DOCTEUR GUÉRIN

J'avais neuf ans quand le docteur Guérin est mort. Je l'ai vu souvent dans la rue et à la maison, pourtant dans ma mémoire je mélange un peu le docteur, sa calèche, son cheval, sa gouvernante, son palefrenier. Pour moi tout cela avait le même âge, l'harmonie était complète.

Je conserve cependant du docteur Guérin, le souvenir d'un homme grand, large des épaules et large de poitrine ; portant la barbichette taillée en pointe qui était alors à la mode ; vêtu de gris, redingote ou complet, je ne sais plus, et coiffé d'un chapeau à rebords.

Il était bougon, brusque même, mais bon et généreux.

Dans sa famille on était médecin de Rougemont de père en fils depuis 1687. C'est en effet le 27 juillet 1687 que Jean-Adam Guérin, qualifié chirurgien, né à Maussans en 1655 épousa Jeanne-Claude Borrey de Rougemont et s'installa dans le village de sa femme. Vinrent ensuite Jean-François (1692-1766), Léonard-Joseph (1726-1811), Claude-Louis (1763-1815), Joseph (1792-1869) enfin Louis (1845-1912).

Presque tous furent conseillers municipaux et deux furent maire. Le dernier Louis Guérin resta célibataire et consacra sa vie aux habitants de Rougemont et à la commune. Il soigna ses compatriotes pendant quarante ans et administra la commune pendant près de trente ans de 1880 à 1908.

A la fois maire et médecin, le docteur Guérin fut un peu à Rougemont le «Médecin de campagne» de Balzac, ayant pour ambition de guérir ses malades et de veiller à la prospérité de sa ville.

Au début du siècle, la médecine était encore sommaire. La

39

plupart des maladies courantes provenaient d'une mauvaise alimentation ou des conséquences, disaient les gens, d'un « chaud et froid ». La tâche du médecin consistait donc à veiller à une meilleure alimentation des malades et aussi à conjurer les conséquences de ces mauvais « chaud et froid », de ceux qui avaient résisté à toutes les infusions des simples et à tous les remèdes des vieilles femmes toujours prêtes à prodiguer leurs conseils. On appelait généralement le médecin lorsque les remèdes des « guérisseurs » de tout poil n'avaient pas donné de résultats.

Le docteur Guérin bougonnait bien un peu, mais il arrivait dans sa calèche antique au pas encore rapide de son vieux cheval. Il se déplaçait ainsi dans tous les villages du canton. Il tutoyait presque tout le monde et sa voix forte et son aspect rude cachaient le cœur le plus compréhensif et le plus compatissant. Ses honoraires étaient ce qui l'inquiétait le moins, il ne songeait qu'à ses malades. On le payait quand on pouvait, il ne réclamait son dû qu'aux riches et vivait modestement.

Plus qu'à l'argent, il tenait à la confiance de ses compatriotes, et elle ne lui était pas ménagée. Il connaissait toutes les familles, leurs souffrances morales et leurs difficultés matérielles et certaines de ses consultations ne concernaient pas que les corps.

Pour les accouchements, la *bonne femme* qui était alors la mère Morteau [1] s'en tirait généralement seule. Le docteur n'intervenait que lorsqu'il fallait employer les fers. C'était un événement heureusement rare, qui frappait les imaginations et dont on parlait pendant des mois.

Un des remèdes de l'époque que le docteur Guérin employait volontiers était « les pointes de feu ». Armé d'une pointe rougie au feu, il l'appliquait aux endroits judicieux et le patient, confiant dans le résultat supportait le supplice sans broncher. Le docteur Guérin avait une spécialité : la réparation des membres cassés. Il s'était fait dans ce domaine une étonnante réputation. Etait-ce mauvaise alimentation entraînant une décalcification ? Quoi qu'il en soit jamais je n'ai vu autant de jambes et de bras cassés que dans mon enfance. Il ne se passait pas de mois sans une jambe ou

---

1. La mère Morteau, la sage-femme, a exercé pendant quarante ans, elle a mis au monde plusieurs milliers d'enfants dans le canton de Rougemont.

un bras cassés. J'ai le souvenir d'un camarade, Jacques F... qui s'est cassé successivement les deux bras et les deux jambes !

Le docteur Guérin était un champion dans l'art du plâtrage remettait ces membres cassés sans jamais laisser de trace. Un ami d'enfance, Marcel Guillaume, devenu un brillant colonel d'aviation, m'écrivait en 1975, quelques jours avant sa mort : « Le docteur Guérin était un médecin fort compétent, je peux porter témoignage, en matière de réduction de fracture puisque, sans trace ni séquelle, il a réduit la fracture du fémur de la jambe droite que j'avais eue dans mon jeune âge. »

Pendant ses quarante ans d'exercice de la médecine à Rougemont, le docteur Guérin n'eut pratiquement qu'un concurrent, mais quel concurrent. Il s'agissait en effet du docteur Philippe Grenier qui, de 1896 à 1898 avait été le député le plus célèbre de France [1].

Converti à l'Islamisme en 1894, élu député de Pontarlier en 1896, battu aux élections législatives de 1898, le docteur Grenier qui se disait « Prophète de Dieu » déçu par son échec quitta Pontarlier et vint en juin 1898, s'installer d'abord à Cuse chez ses cousins Tanchard, puis quelques mois après à Rougemont. C'est donc auréolé d'une gloire toute récente qu'il exerça à Rougemont de 1898 à 1900, où il se fit très vite une clientèle. Il parcourait le canton sur son cheval arabe, le fidèle « Saïd » qui faisait l'admiration des populations.

Le docteur Guérin regardait d'un œil amusé et sympathique ce jeune musulman célèbre qui s'arrêtait aux nombreuses fontaines de sa commune pour faire ses ablutions. Mais cela dura peu ! Le docteur Grenier que le démon de la politique n'a pas abandonné, laissera en 1900, aux élections municipales, poser sa candidature contre le docteur Guérin, maire sortant. Battu et déçu, il regagnera alors Pontarlier.

Le docteur Guérin qui était déjà conseiller municipal depuis plusieurs années fut élu maire en 1880, il le resta jusqu'en 1908. Il est celui qui, depuis le charte communale octroyée en 1370, a exercé le plus long mandat. Il fut sans doute, avec André Mercier, le maire le plus efficace. Cela explique qu'il fut toujours réélu sans

---

1. Voir du même auteur : « Un comtois musulman. Le docteur Philippe Grenier. Prophète de Dieu. Député de Pontarlier » (Jacques et Demontrond, 1976). Prix Louis Pergaud, 1977.

difficulté. Hormis la candidature du docteur Grenier, il n'y eu jamais à Rougemont, pas plus pour les élections municipales que pour les autres, un folklore électoral particulier qui mérite d'être retenu.

L'alimentation en eau de la ville était, depuis toujours, une préoccupation constante du Conseil. Alors que Rougemont était déjà, à cet égard, une commune privilégiée, il ordonna de nouvelles recherches qui permirent vers 1885 d'améliorer l'alimentation de la citadelle dans une fontaine où l'eau coule toujours limpide et pure. Le captage de la source de Lhomone en 1889 permit une meilleure alimentation de Rougemontot et la création de la fontaine de la route de Gouhelans. Un peu plus tard c'était la fontaine de la route de Besançon et les sources diverses devenaient assez abondantes pour installer dans les divers quartiers de la ville, notamment dans les côtes, un certain nombre de bornes-fontaines. Ainsi, jusqu'à l'alimentation en eau des maisons qui ne date que de 1950, Rougemont ne manqua jamais d'eau.

En 1846, la vallée du Doubs avait été préférée à la vallée de l'Ognon pour le tracé de la ligne de chemin de fer Besançon-Belfort, le docteur Guérin se battit pour que Rougemont fut desservi par le train et en 1889 la ligne Montbozon-Lure fut décidée et achevée en 1896. C'est de cette époque que date l'Avenue de la Gare et l'élargissement de la place centrale dans ses limites actuelles.

A la fin du xixe siècle l'électricité commença à se répandre un peu partout. Dès 1895 le docteur Guérin engage des démarches et en 1901 une convention est passée avec l'entreprise Riehr de Pont sur l'Ognon. La commune prend en charge l'éclairage public et les habitants peuvent passer avec le concessionnaire des contrats à forfait qui, dès septembre 1901, leur permettent d'avoir l'électricité dans leur maison. C'est ainsi que Rougemont bénéficie de l'électricité, un an avant Vesoul (1902) et deux ans avant Besançon (1903).

Le Maire veille à tout : pour lutter contre les incendies et assurer la sécurité des gens, il organise une « Compagnie de Sapeurs Pompiers » et crée, au rez-de-chaussée de la mairie une remise de pompe moderne pour l'époque. Pour développer le commerce, il obtient en 1880 douze foires fixées le premier vendredi du mois et en 1907 six nouvelles foires le troizième vendredi.

En 1877, avec le Marquis de Moustier, il reconstitua le Comice Agricole dont il restera Vice-Président jusqu'à sa mort.

Toutes ces mesures vont permettre à Rougemont de surmonter la grave crise de la vigne. Depuis mille ans Rougemont vivait de la vigne. Un peu après 1880, venu d'Amérique, le phylloxera va ravager nos vignobles et malgré tous les efforts tentés la vigne, en une trentaine d'années, disparaîtra complètement. Le chemin de fer, le développement du commerce, le Comice en donnant à temps une orientation nouvelle à notre agriculture, apportèrent à Rougemont une nouvelle prospérité.

C'est aussi sous le règne du docteur Guérin, avec l'aide du Marquis de Moustier, que le vieil hospice de la Citadelle fut transféré en 1895 dans le château moderne. Quelques années plus tard étaient reconstruits proches de l'hôpital le vieux moulin et la porte qui donne à cette entrée de Rougemont une très belle allure.

Le docteur Guérin qui veillait au bien de ses administrés, qui demandait tout pour sa commune ne demandait rien pour lui. A la fin de sa vie, en 1910, le bureau du Comice, pour rendre hommage à son dévouement voulut lui décerner la Médaille de Vermeil, il refusa et obtint qu'elle soit attribuée à un vieux vigneron du pays.

Les banquets étaient une des attractions d'alors. Il y en avait trois chaque année : le banquet des vétérans de 1870, le banquet du Comice, le banquet du 14 juillet. Ils se tenaient alors, le plus souvent, aux Halles décorées de branchages, de guirlandes et de drapeaux. Le Maire, bien sûr participait à ces agapes y apportant sa bonne humeur et sachant, par quelques paroles de circonstances faire honneur à ses hôtes, distribuant éloges et remerciements à ses collaborateurs.

Toujours très animés, ces banquets donnaient parfois lieu à des anecdotes amusantes.

Ainsi à un banquet du 14 juillet servi par « l'hôtel de la Couronne », il y avait pour dessert de superbes Saint-Honoré, un des succès du père Trivier, le pâtissier du village. Alice Piquet, une serveuse alerte et expérimentée apportait sur un plateau, à bout de bras, un des Saint-Honoré à la table d'honneur. Malencontreusement bousculée et malgré de louables efforts pour maintenir son plateau elle perd l'équilibre et plaque son Saint-Honoré dans le dos d'Edouard Laroche maire-adjoint de la commune en s'écriant, sans doute pour le consoler :

— Ça ne fait rien Monsieur, çà ne fait rien il y en a un autre !

Ce n'est pas au Saint-Honoré, c'est à sa redingote que pensait l'adjoint agacé par les rires de ses voisins.

Les hôtes de marque en ce temps-là étaient en redingote et portaient gibus. On se précipita, on râcla, on lava le mieux possible la redingote et la fête continua.

Au banquet du 14 juillet étaient invités les pompiers. C'était l'occasion annuelle de rendre hommage à leur dévouement et dans ce pays de vignerons, on buvait bien.

L'année après l'anecdote du Saint-Honoré, un pompier qui a trop bu quitte la table et se précipite vers la sortie mais il ne peut l'atteindre, il saisit alors un gibus accroché au vestiaire et... se soulage.

Edouard Laroche, qui de la table d'honneur a suivi la scène bougonne :

— Je parie que c'est le mien !

C'était bien son gibus...

En 1908, le docteur Guérin, fatigué abandonna la mairie et soutint aux élections la candidature de son ami et conseiller municipal, Agnan Gonneaud qui fut élu maire et continua son œuvre.

Jusqu'à sa mort survenue quatre ans après, le 1er août 1912, le docteur reste au service de ses compatriotes.

Ses obsèques furent à la fois solennelles et émouvantes. Elles furent célébrées par son ami le curé-doyen de Rougemont. En tête du cortège venaient les enfants des écoles, la Compagnie de Sapeurs Pompiers, la section des Vétérans de 1870, le Maire et son Conseil Municipal, le député de la circonscription, les personnalités officielles, les docteurs et pharmaciens de tous les cantons voisins.

Mais ce qui était le plus émouvant c'est l'hommage de la foule innombrable de Rougemont et des villages des environs défilant recueillie devant la tombe ouverte du bon vieux docteur qui avait consacré sa vie à leur service.

Avec le docteur Guérin mourait le dernier médecin d'autrefois. Son successeur, le docteur Pierson, roulait en auto...

MONSIEUR LE CURÉ : L'ABBÉ DENIS COURTALON

Aujourd'hui, dans le canton de Rougemont on compte les curés sur les doigts d'une main.

En ce temps-là, au début du siècle, dans toutes les paroisses, il y avait un curé. Il y en avait douze dans le doyenné de Rougemont qui se confondait alors avec le canton. Tous étaent des notables, certains étaient des personnages. C'était le cas de l'abbé Denis Courtalon, curé-doyen. Pendant trente ans, du début de 1897 à sa mort en 1926 il exerça son ministère et un demi-siècle après son souvenir est toujours vivant.

Il était grand, maigre, nerveux, autoritaire. Il tranchait sur ses confrères du doyenné qui étaient tous grassouillets et bedonnants. La bonne chère les consolait sans doute des jeunes du Carême, des vendredis et des vigiles. L'abbé Courtalon ne dédaignait certes, ni la bonne chère, ni le bon vin mais il restait svelte !

Il était originaire de Gy ; brillant élève il avait été remarqué par ses maîtres et avant d'être curé-doyen de Rougemont, il avait enseigné au Séminaire. C'était un érudit passionné d'histoire et de politique. Il a écrit dans le « Bulletin paroissial de Rougemont et de Saint-Hilaire » une excellente « Histoire de Rougemont » que la guerre de 1914-1918 a malheureusement interrompue.

D'allure réservée, il imposait à tous une discipline stricte. Il était craint et respecté. Chaque matin, après la messe, il faisait le catéchisme à « ceux de la première communion » garçons et filles [1].

1. Voici pour l'année 1914, la liste par ordre alphabétique de ces garçons et de ces filles :

garçons : Edmond Aulard, Albert Barrand, Marius Béguin, Max Besançon, Robert Bichet, Paul Boillod, Robert Bontrond, Henri Clerc, Marcel Culot, André Millerin, Emile Millot, Fernand Perron, André Terrier ;

filles : Alice Cassamani, Marie Humbert, Cécile Jeannin, Joséphine Jeannin, Julienne Lamidey, Yvonne Mouillet.

Cela se passait à la sacristie. Nous étions assis sur des petits bancs, très bas, les filles derrière, les garçons plus turbulents devant, sous l'œil du maître. Redoutant ses colères et la canne dont il ne se séparait jamais, généralement nous étions sages. Nous l'écoutions nous raconter l'Histoire Sainte et nous récitions, tour à tour, la leçon de catéchisme du jour, apprise par cœur. Pour stigmatiser ceux qui ne savaient pas ou savaient mal, il avait un mot féroce, toujours le même, qu'il prononçait en haussant les épaules : « idiot précoce », disait-il !

Aux plus cancres, parfois, il tirait les oreilles, les deux oreilles, qu'il roulait entre ses doigts comme pour extraire de la victime je ne sais quel démon.

Il était assisté d'un vicaire, de mon temps c'était l'abbé Pfannensthiel un alsacien sympathique et dévoué. Et plus tard l'abbé Million et l'abbé Pépiot. Les vicaires le craignaient. Il disait d'eux dans un bon éclat de rire : un vicaire c'est un mal nécessaire ! Ils vivaient cependant en bonne intelligence dans le vieux presbytère de Rougemont qui est un reste de l'ancien château. Pour les servir, ils avaient une gouvernante, il n'y en eut que deux en trente ans. D'abord une vieille alsacienne, aussi maigre et stricte que son curé, parlant avec un fort accent, puis ensuite une fille de Rougemont, Eugénie Millerin aussi ronde et colorée que l'alsacienne était sèche et blanche. Toutes deux étaient dévouées à leur curé et à ses vicaires et étaient aux petits soins pour eux.

L'abbé Courtalon avait l'estime de tous : il en imposait. Il était bon prédicateur et ses sermons, quand il voulait s'en donner la peine, pour les fêtes ou les manifestations officielles par exemple, étaient d'une très haute tenue.

Il avait certes ses péchés mignons, au moins deux. Il prisait. Il avait une très belle tabatière en écaille, un cadeau de sa sœur. Il la sortait fréquemment de sa poche gauche, la tenait religieusement ouverte dans le creux de sa main droite, il écartait le pouce et l'index de la main gauche pour ménager une petite poche dans laquelle il prélevait une bonne pincée de tabac à priser qu'il portait à ses narines en reniflant alors fortement à deux ou trois reprises. Du tabac tombait sur sa soutane qui avait toujours des reflets bruns. L'effet du tabac ne tardait pas, il éternuait, sortait de sa poche droite un énorme mouchoir qu'il étalait avec onction montrant de larges tâches brunâtres, et il se mouchait bruyamment.

Son autre péché mignon était le Gamay. Il était de Gy, pays de vignerons, il était curé de Rougemont, autre pays de vignerons, et vigneron lui-même. Il soignait avec amour ses vignes de « Champotey » et de « Bourdon », ses crus préférés dont les mauvaises langues disaient qu'il faisait parfois une consommation excessive. C'était vrai au moins les jours de fête. J'ai le souvenir, ayant été son enfant de chœur pendant quatre ans, que ces jours-là, aux Vêpres. il avait du mal à encenser droit. A tout péché miséricorde !

Il était vigneron et il était aussi bouilleur de cru et jouissait de son privilège. A cette époque on pouvait encore distiller à domicile en respectant certaines règles notamment celle du rendement en alcool. Dans ses vignes, l'abbé Courtalon avait des cerisiers. Une année, dans la grange du presbytère transformée en atelier de distillation il faisait du kirsch. Le « rat de cave », le père Gauthier était un homme strict, mais juste et compréhensif. Il visitait les ateliers de distillation pour établir les rendements et faire payer les droits. Avant de passer à la cure il était allé chez le sacristain Joseph Belfort qui distillait aussi. Or le curé, pour la même quantité de cerises déclarait trois fois moins de kirsch que son sacristain.

Le père Gauthier qui « n'aimait pas qu'on se foute de lui » comme il disait, fit état de la déclaration de Joseph et menaça le curé de sanctions. L'abbé Courtalon furieux et penaud rectifia sa déclaration mais le « rat de cave » parti il ne fit qu'un saut chez Joseph Belfort qui passa le plus mauvais quart d'heure de sa vie !

Pour l'abbé Courtalon qui, quelques années avant, avait connu les spoliations de la loi de séparation des églises et de l'Etat, voler l'Etat ce n'était pas voler, ce n'était qu'une modeste récupération !

Ces petites faiblesses humaines ne l'empêchaient pas d'être un curé compréhensif, apprécié de ses ouailles. Il aimait les belles cérémonies dans son église qu'il avait complètement rénovée. Il avait son bedeau, son « suisse » comme nous disions. C'était un vieux de Rougemont, le père Moussard. Le bedeau avait deux tenues, une pour les dimanches ordinaires, une pour les fêtes. La tenue ordinaire était constituée d'une redingote bleue, style xviiie, bordée d'argent, d'un bicorne et d'une haute canne à pommeau. La tenue des fêtes ,la tenue numéro un, comportait redingote et pourpoint bleus foncés, brodés d'argent, bas à la française, bicorne empanaché et hallebarde à pompons. Je vois encore le père Moussard, il marchait d'un air digne et solennel, frappant régulièrement le sol de sa canne. Il en imposait à tous et surtout aux enfants.

L'abbé Courtalon était musicien. Avec son vicaire, il avait organisé un « chœur de chant », auquel participaient les jeunes filles de la paroisse et deux hommes, le « chantre » le père Thiébaud dit « Le gros nez » à la voix grave, voix de poitrine et Joseph Belfort, le sacristain, à la voix plutôt sèche et métallique, voix de tête.

Parfois, dans le chœur, il y avait une fausse note qui choquait l'oreille musicienne du curé. En pleine messe, il se retournait alors brusquement à l'autel en lançant un tonitruant :

— C'est faux !

qui emplissait les voûtes de l'église, amusait les fidèles et glaçait la chorale.

Malgré tout c'était un bon prêtre, enseignant et pratiquant l'amour du prochain. Mais s'il ne connaissait pas la haine il avait cependant de solides antipathies. C'est ainsi qu'il détestait les Allemands et les Libres-Penseurs.

En 1871, alors qu'il avait une vingtaine d'années, Gy, comme toute la Franche-Comté avait été occupée par ceux qu'on appelait alors « les Prussiens ». Il leur avait joué tant de farces qu'un jour, excédés, les Allemands décidèrent de se venger. Ils l'attelèrent à une voiture à planches et claquant du fouet le promenèrent dans les rues de Gy. Quarante ans après, quand il racontait cette histoire, on sentait que son amour-propre ne s'en était jamais remis. Aussi au début de la guerre de 1914, quand les communiqués nous apprirent les atrocités commises par les Allemands dans le Nord de la France son sang ne fit qu'un tour et montant en chaire le dimanche, il commença ainsi son sermon :

— « Mes frères, autrefois nous avons été envahis par les Goths, les Wisigoths, les Ostrogoths, nous sommes envahis aujourd'hui par les Saligauds !... »

Et son sermon, plus patriotique qu'évangélique, évoquait la résistance que l'on doit dans tous les cas opposer aux occupants. J'avais onze ans, je buvais ses paroles que je n'ai jamais oubliées. Je crois qu'en juin 1940, ce souvenir a contribué à me jeter, sans aucune hésitation, du côté de la Résistance.

Il détestait aussi les « libres-penseurs » qui dans cette période de lutte religieuse foisonnaient. La « libre-pensée » était une secte opposée à toutes les religions mais surtout à la religion catholique. Son cri de ralliement était : « A bas la calotte ! ». Ses orateurs parcouraient les campagnes pour dénoncer la religion : l'opium du peuple. Parmi eux il y avait une femme *Maria Vérone* qui venait à Rougemont. Elle attaquait les prêtres dont elle disait qu'ils étaient « des *atrophieurs* du cerveau humain ». Dans son « Bulletin paroissial » l'abbé Courtalon ripostait : « Voilà donc qui est entendu : atrophieurs du cerveau humain, les Thomas d'Aquin, les Bossuet et les Fénelon, les Masillon et les Bourdaloue, les Vincent de Paul et les Lacordaire ! »

Puis il s'en prenait personnellement à la conférencière. *Maria Vérone* était, ce qu'on appellerait aujourd'hui une « pétroleuse », mais elle était petite, menue, aussi tronquant à peine son nom, l'avait-il baptisée d'un mot qui fit fortune : *la petite vérole*. Ce sobriquet plut aux gens de Rougemont et quand à sa conférence, ses quelques adeptes l'applaudissaient, les autres, les plus nombreux scandaient : La vérole, la vérole, la vérole ! Elle en fut si meurtrie qu'elle ne revint jamais à Rougemont.

Les libres-penseurs pourtant, ne désarmèrent pas et cherchèrent des noises au curé. Vivait alors à Rougemont un nommé François Mourlon dit Colot.

Colot était un pauvre minus, ivrogne invétéré, vivant de bric et de broc et de qui, avec quelques verres de vin on pouvait tout obtenir. C'est ainsi que le soir du 16 avril 1910, complètement ivre, il s'en vint troubler la cérémonie d'adoration perpétuelle.

Il déversa à l'adresse du prédicateur qui portait un nom prédestiné, il s'appelait l'abbé Prêtre, des bordées d'injures. Cet exploit accompli, Colot entra à l'église où sa présence fut signalée à l'abbé Courtalon qui le pria de sortir, ce qu'il jugea prudent de faire. Quelques minutes après Colot récidivait. Cette fois le curé, le menaçant de sa canne qui ne le quittait jamais, le sortit avec moins de courtoisie...

Le Colot, poussé par ceux qui l'avait fait boire, se mit en tête de se poser en victime du cléricalisme, et porta plainte contre le curé pour coups et blessures.

Le « Petit Comtois » se porta au secours de Colot et dans son numéro du 30 avril 1910, sous la rubrique *Rougemont* on pouvait lire :

« François Mourlon, journalier à Rougemont, passait un soir vers neuf heures devant l'église de cette paroisse, dans laquelle on chantait. Par moquerie, il a aussitôt commencé la *Marseillaise*. Son chant terminé, il entra à l'église, où il resta jusqu'à la fin de la cérémonie. A ce moment M. le Curé le pria de sortir, ce qu'il a fait sur le champ, mais aussitôt dehors, par bravade il chanta l'*Internationale*. Arrivé devant le presbytère, le curé l'interpella grossièrement et Mourlon en fit de même. Le curé lui porta alors sur le bras droit un violent coup avec une canne plombée... Une enquête est ouverte. »

Le procès eut lieu à Baume-les-Dames. Appelé à témoigner, l'abbé Courtalon rapporta les faits tels qu'ils s'étaient passés et il ajoutait en ironisant :

« Que le sieur Mourlon dit Colot, ait le soir dit, chanté la *Marseillaise* et l'*Internationale*, nous en doutons très fort par la raison toute simple que, vu les aptitudes musicales de ce citoyen, nous croyons qu'il serait fort embarrassé pour donner un ton quelconque à quelque chant que ce soit. »

Le procureur de Baume, dans sa sagesse, ne mit pas Colot à l'épreuve, mais il le débouta de sa demande et le renvoya devant la justice de paix de Rougemont sous l'inculpation de tapage nocturne et de cris injurieux. L'affaire fut appelée à Rougemont à l'audience du 31 mai 1910, Colot fut condamné à 2 francs d'amende et aux frais. A la même audience, le même Colot endossa deux autres condamnations pour ivresse, l'une à 1 franc, l'autre à 5 francs d'amende !

Plus jamais le sieur Colot ne se posa en victime du cléricalisme !

A la « Belle époque », au moment où sévissait la lutte religieuse, tous nos villages ont eu leur Colot, mais tous les curés ne réagirent pas avec la vigueur du curé de Rougemont.

L'abbé Courtalon était doyen à un moment où la hiérarchie était un dogme qu'il faisait respecter. Les curés du doyenné se réunissaient en conférence le premier lundi de chaque mois. Le matin on parlait, sérieusement des problèmes de l'Eglise et du doyenné. A midi on déjeunait confortablement et pour la circonstance le curé sortait ses meilleurs crus. L'après-midi c'était les réjouissances consistant en d'interminables parties de tarot agrémentées du récit d'histoires locales et comtoises.

Le tarot était le jeu favori du clergé comtois. Tous les curés y excellaient, ils en connaissaient toutes les finesses, toutes les subtilités. Ils étaient généralement plus forts que les laïcs dont certains prétendaient qu'on enseignait le tarot au grand Séminaire ! Et l'abbé Courtalon était parmi les meilleurs. Aussi ma mère qui était une de ses « dames d'œuvres » l'invitait, de temps en temps à faire une partie à la maison.

Avec le curé et mon père, ces parties, le plus souvent réunissaient Maître Gonneaud, le notaire et son clerc. Mon père était un champion. Je l'ai vu plusieurs fois humilier le curé en lui « chipant le petit au bout ».

Mon père souriait doucement et l'abbé Courtalon qui reconnaissait son talent lui décernait ce compliment majeur :

— Vous, disait-il, vous ne jouez pas en laïc !

L'abbé Courtalon — je l'ai dit ailleurs — était un amoureux des histoires comtoises : racontottes, Contes de Mondon et autres. Il en connaissait beaucoup et les racontait à ses « enfants de chœur » au cours d'un goûter qu'il leur offrait chaque année aux environs de Pâques. C'était un agréable conteur. Il aimait bien sûr les histoires de Gy son pays natal notamment « La grosse pierre » et « L'enclos des renards » mais deux ou trois avaient sa préférence : « La crucifiole », « La lanterne », et la réplique du Blanc-Chillon. Il prononçait « crucifiole » d'une façon inimitable :

— L'o aichetà ne crucifiooole !

La lanterne de M. de Toulougeon le mettait en joie.

La répétition de :

— Min te n'lè pâ di !

le secouait d'un rire tonitruant. Un rire qui reprenait au souvenir de la réplique d'un de ses paroissiens. Le « Blanc-Chillon », un vieux vigneron, attelait ses vaches, ce qui scandalisait l'abbé Courtalon, qui un jour lui dit :

— Mais elles donnent moins de lait !

— Elles en donnent toujours plus que des bœufs, répliqua l'interpellé.

A la fin de sa vie on avait donné à l'abbé Courtalon un vicaire étonnant, un montagnon solide, actif, toujours de bonne humeur : l'abbé Pepiot. Humainement, ils étaient différents en tout et se complétaient pourtant admirablement. L'abbé Pépiot dont le rire était aussi sonore que celui de son curé, illumina certainement les derniers moments de l'abbé Courtalon.

Pour mourir, il choisit son jour : le jour de Noël, le 25 décembre 1926.

Un vieil ami de Rougemont, plus âgé que moi de dix ans et que je questionnais pour écrire ces pages, a eu cette remarque qui me servira de conclusion :

— Des curés comme l'abbé Courtalon, on n'en fait plus !

LE MAITRE : LE PÈRE BERNARDIN

Les parents l'appelaient « le maître », en patois ils disaient « lou mâtre ». Nous, les gosses, on l'appelait le « père Bernardin », nous le respections et nous le craignions.

Il était tout en rondeurs, petit de taille, gros corps rond, une tête ronde posée directement sur les épaules, sans cou ; il avait des cheveux bruns, coupés courts et ramenés en rond sur le front ; son visage éclairé de deux yeux ronds était barré d'une forte moustache légèrement teintée à l'endroit de la cigarette et qui abritait de grosses lèvres rondes.

Il s'habillait de bons vêtements de droguet et comme il était chasseur, en été il portait parfois une veste de chasse à grande poche dorsale. Il se coiffait d'une casquette qu'il gardait en hiver pour faire la classe.

L'école des garçons était à la mairie, au deuxième étage. Elle comportait deux classes, celle des petits dont le maître était Monsieur Michel et la « grande classe », « sa » classe.

Le père Bernardin aimait la discipline et la faisait respecter. Les enfants se rassemblaient derrière la mairie, face à la grande porte d'entrée située à droite du bâtiment. Dès que le maître paraissait, c'était le silence. Le matin, avant l'entrée, il faisait l'inspection des mains, des oreilles, il explorait les tignasses suspectes... De temps à autre un élève malpropre était envoyé à la fontaine toute proche et sous la *gouliche* [1] il procédait à un nettoyage.

Tous les enfants, à peu de chose près, étaient vêtus de la même façon. Les culottes de certains étaient achetées chez Demoly, c'était de solides culottes en velours côtelé, mais pour la plupart

1. Gouliche : tuyau par où l'eau s'écoule.

elles étaient taillées dans un vieux pantalon du père, avec souvent une grande pièce ronde au derrière. Les chandails étaient tricotés par les mères, avec la même laine et nous portions tous un tablier noir enveloppant qui se boutonnait derrière ou sur le côté et qui était, pour quelques-uns, agrémenté d'un col blanc rabattu. Beaucoup étaient chaussés de sabots, certains de brodequins, d'autres, plus rares, de bottines à boutons qu'on boutonnait avec un crochet de fer spécial.

On montait en classe en rangs, par deux, ceux de la petite classe devant. Au premier coup de sifflet on formait les rangs, au deuxième, l'ascension des deux étages commençait. Les enfants pendaient leurs vêtements aux crochets de l'entrée, posaient leurs sabots dans le couloir et chacun allait à son banc où il restait debout.

Le père Bernardin tapait dans ses mains, tout le monde s'asseyait, la classe commençait.

Dans la petite classe, les tables étaient pour deux élèves, dans la grande classe nous avions, au contraire, de grandes tables qui, mis à part deux allées latérales, tenaient toute la largeur de la salle. Aux murs étaient accrochés trois tableaux noirs, un au-dessus du bureau du maître, un à gauche entre les deux fenêtres qui donnaient sur les halles, l'autre à droite entre la porte d'entrée et le placard où l'on rangeait les fournitures scolaires. A l'avant, entre le bureau du maître monté sur une petite estrade et le mur, il y avait un gros fourneau de fonte venant de Fallon, dont le tuyau, soutenu par des fils métalliques allait, très loin, s'emmancher dans la cheminée.

L'école était un lieu respecté, imposant et familier. A l'école nous étions chez nous, aussi assurions-nous certaines tâches. A tour de rôle nous étions désignés, par équipes, pour le nettoyage des tableaux, le remplissage des encriers, l'approvisionnement en bois que nous allions chercher au rez-de-chaussée, sous les arcades. Nous portions les bûches sur nos bras repliés, la pile montant jusqu'au menton.

Personne, je crois, n'a jamais mieux enseigné que les instituteurs de ce temps-là, ils étaient le dévouement, le civisme et la droiture, et parmi eux, François Bernardin tenait la tête. Il était né à Onans, petit village du canton de l'Isle-sur-le-Doubs, autour de 1865, il était un comtois typique. Intelligent et fier, il cachait sous une apparente rudesse une grande bonté, mais, dans sa classe, au milieu de ses élèves, il règnait en maître.

A sa sortie de l'école normale, il avait enseigné quelques années à Nans où il s'était marié. Madame Bernardin, femme toujours souriante, trottinante et effacée, admirait son mari. Elle était aussi menue qu'il était rond. Elle était la fille de son prédécesseur à Nans, le père Fijean qui vécut longtemps à son foyer. Il s'installa à Rougemont vers 1902 et il y mourut. En ce temps-là l'instituteur ne changeait pas, ne bougeait pas, il faisait corps avec son école. Je l'avais toujours connu, aussi quand, en 1911, j'entrai dans sa classe, j'avais l'impression qu'il venait du fond des âges.

Dans la classe des petits, son adjoint, Monsieur Michel, nous avait « commencés ». Il nous avait appris l'alphabet et la lecture, les premiers rudiments de l'orthographe ainsi que les quatre opérations. On savait alors peu de choses mais on les savait bien.

Chez le père Bernardin cela devenait sérieux. On apprenait les conjugaisons, les pluriels en als et en aux, la composition française, l'analyse grammaticale et l'analyse logique, les règles de trois, les fractions décimales et les problèmes sur les surfaces et les volumes, les intérêts simples et composés, sur les trains et les bateaux qui se font la course, sur les robinets à débit variable. Nous apprenions aussi l'histoire et la géographie.

La grande classe comptait en moyenne cinquante élèves dont certains passaient des examens et concours divers : certificat d'études, bourses, écoles professionnelles, brevet élémentaire. La classe était partagée en sections correspondant à ces disciplines et le père Bernardin conduisait tout cela avec autorité.

Il avait un bureau monté sur une petite estrade, jamais il ne s'y asseyait, il était toujours dans la classe et ne laissait rien passer. Il ne badinait pas sur la tenue et la politesse, sa classe était toujours nette et ordonnée.

Le savoir qu'il avait appris à l'école normale n'était pas illimité, mais il avait le don de le transmettre à ses élèves, il était un pédagogue né. Il avait des principes qu'il savait faire passer dans son enseignement : le respect des anciens, la fidélité aux traditions de famille et d'amitié, le sens du patriotisme, c'est-à-dire, à la fois l'amour de la petite patrie comtoise et de la grande patrie française, le goût du travail bien fait.

Trois jours par semaine, en ouvrant la classe, le matin à huit heures, il commençait par une leçon de morale qui s'adressait à tous et qui créait l'ambiance. Il savait, dans cette classe nombreuse, répartir le travail de façon à ce que le temps de chacun soit judicieusement employé.

Une des premières choses qu'il apprenait, c'était à écrire, à bien écrire, à calligraphier. A une époque ou certains disaient que « l'écriture est la science des ânes », lui pensait que pour communiquer entre eux, pour bien se comprendre, les hommes avaient besoin d'une belle écriture, très lisible. Il attribuait donc une importance particulière au cours d'écriture.

Chaque élève avait un cahier d'écriture. C'était un cahier un peu plus grand que les autres, son papier était légèrement glacé et tracé de lignes espacées que l'on pouvait doubler suivant la hauteur des lettres. Le père Bernardin écrivait un modèle à la craie, sur le grand tableau de droite, de deux mètres de large sur deux mètres de haut, placé entre la porte d'entrée et le placard aux fournitures scolaires. Il se servait pour tracer des lignes parallèles, d'une longue règle plate spécialement fabriquée par le menuisier voisin. Il y avait généralement trois modèles : un d'écriture anglaise, un d'écriture ronde, un d'écriture bâtarde. Il avait un art particulier, pour l'écriture anglaise, de faire les pleins et les déliés. Pour la ronde et la bâtarde, il taillait la craie en biseau et obtenait de magnifiques résultats. Nous étions admiratifs et ainsi stimulés, nous l'imitions de notre mieux.

Les textes choisis pour les modèles, toujours très courts, étaient ou des proverbes moraux ou des leçons de choses. Voici quelques exemples puisés dans un de mes cahiers d'écolier : Rien de tel que l'œil du maître ; A l'œuvre on connaît l'ouvrier ; Il faut mieux souffrir le mal que de le faire ; La conscience est un tribunal intérieur qui juge sévèrement toutes nos actions ; L'hirondelle mange et boit en volant ; Le chêne est la force de la forêt, le bouleau en est la grâce, le sapin la musique berceuse, le tilleul en est la poésie ; Notre vallon est une prairie où fleurissent l'aubépine, la campanule et le chèvrefeuille.

Quand on avait calligraphié plusieurs fois, en tirant un peu la langue, ces belles formules, on finissait par en être imprégné.

Le cours de mathématique, nous disions de calcul, était la terreur de beaucoup. On apprenait les surfaces de toutes les figures géométriques, carré, rectangle, triangles divers, trapèze, hexagone, octogone, cercle, j'en passe. Ensuite les volumes correspondants. On passait aux fractions, au plus petit multiple commun, au plus grand commun diviseur, à la racine carrée, puis aux intérêts simples et composés, aux heures, aux minutes, aux secondes, aux degrés et tout cela se concrétisait par des problèmes typiques que j'ai déjà évoqués et dont l'énoncé paraissait plein de pièges et de chausse-trapes mais qui finissaient par n'avoir plus de secrets pour nous.

Il ne suffisait pas de savoir compter et d'avoir une belle écriture, il fallait savoir écrire couramment le français, sans fautes d'orthographe. C'était le but des dictées et des compositions françaises.

Les dictées étaient les mêmes pour toute la classe. Pour les petits elles ne comptaient qu'une dizaine de lignes, pour les moyens, ceux du certificat d'études, vingt lignes, pour les grands, une trentaine de lignes. Quand la dictée continuait, les petits, puis les moyens devaient relire attentivement le texte pour éviter les fautes. S'il y avait des mots difficiles ou inconnus le maître les écrivait au tableau central, au-dessus de son bureau, en les expliquant. Le choix des dictées s'inspirait de la terre, de l'enfance, des hommes, du patriotisme. Elles comportaient toujours un titre et le nom de l'auteur. Par exemple : « Les sabots » par A. Theuriet ; « Un singulier médecin » par G. Sand ; « Souvenirs d'enfance » par Lamartine ; « Le village alsacien » par A. Daudet, etc.

Le maître dictait lentement, posément, en articulant. Il se promenait entre les rangées de bancs, s'asseyait parfois sur l'un d'eux et, regardant un cahier, s'il remarquait une faute grossière, il répétait en accentuant, à la manière de Topaze de Pagnol : les moutons.s. se...

La dictée était toujours suivie d'un exercice de grammaire. Pour les petits, c'était l'explication de quelques mots et une analyse grammaticale simple : désigner le sujet, le verbe, l'adjectif. Pour les grands et les moyens, c'était un exercice plus complet : une analyse logique, préciser les mots qui font images, écrire une antithèse du texte, etc.

Ces exercices étaient toujours suivis d'une explication en commun, faite par le maître au tableau noir, ce qui n'empêchait pas une correction des dictées et des exercices à l'encre rouge.

Dans la marge, à gauche, était indiqué le nombre de fautes et chacune de ces fautes était marquée d'un large trait rouge.

Un après-midi par semaine, à la place de la dictée nous avions une composition française qui comportait une explication préalable. Les sujets de ces compositions étaient variés, ils s'inspiraient des cours ou stimulaient notre observation.

Je cite quelques exemples :

— « Avant et après Gutemberg » ;

— « Racontez une scène vécue à l'école » ;

— « Faites le portrait de trois personnages dont le premier est avare, le second économone, le troisième prodigue. Vous direz auquel des trois vous accordez la préférence et pourquoi ? »

C'était aussi, souvent, un proverbe à expliquer et à commenter. Par exemple :

— Bonne renommée vaut mieux que ceinture dorée.

— Pierre qui roule n'amasse pas mousse.

— Toute souffrance non endurée est une dette envers ceux qui l'endurent.

Les notes étaient le plus souvent sévères, 4 à 6 sur 10 avec en marge, en rouge, des remarques de ce genre : mal dit — bonne idée mal exprimée — étourdi — bien.

Les dictées et les compositions françaises étaient précédées de cours de grammaire et de conjugaison.

L'histoire me passionnait. « Nos ancêtres les Gaulois » avec leurs belles moustaches m'intriguaient, les Huns d'Attila m'effrayaient, j'admirais les Capétiens, la sagesse de Louis IX, ce bon Saint-Louis qui rendait la justice sous son chêne, Jeanne d'Arc m'enthousiasmait, la ruse de Louis XI m'amusait, les guerres de religion, la Saint-Barthélémy me faisaient frémir.

Pour chaque grand chapitre de notre histoire on copiait sur nos cahiers un « tableau sommaire » qui était un récapitulatif intelligent de la chronologie des faits, avec les causes, les résultats, les dates.

Nous apprenions ainsi l'histoire jusqu'à la IIIe République. La guerre de 1870-1871 que le père Bernardin avait connue dans son enfance étant longuement traitée. On sentait dans ses paroles la haine des « Prussiens » et un désir contenu de revanche.

La géographie était pour nous l'occasion de dessiner de belles cartes sur nos cahiers : les bassins de nos fleuves, la Seine, la Loire, la Garonne, le Rhône, nos montagnes que nous dessinions en roulant un crayon longuement affûté, cela faisait de remarquables chaînes que l'on coupait à l'endroit des cols. On étudiait aussi les canaux, les chemins de fer, mais nous étions imbattables sur les départements dont on connaissait le chef-lieu et les sous-préfectures que nous récitions par ordre alphabétique. La France régnait alors sur l'Algérie qui comprenait trois départements que nous apprenions à la suite des autres : Alger, Oran, Constantine.

Il y avait des départements qu'on savait mieux que d'autres, par exemple les départements de la Franche-Comté, mais celui qui était le mieux connu de tous les gosses de Rougemont, c'était le département des Côtes-du-Nord. Tout le monde savait : chef-lieu Saint-Brieuc, sous-préfectures : Dinan, Guingamp, Lannion, Loudéac [1].

Dans nos villages il y avait souvent plusieurs familles — généralement parentes — qui portaient le même nom, pour les distinguer, on leur donnait des sobriquets. C'est ainsi qu'à Rougemont, il y avait plusieurs familles Braise qu'on appelait : Braise-Dinan, Braise-Chillon, Braise-Caporal. Le père « Dinan » était un bien brave homme que les gosses avaient rendu un peu fou, car chaque fois qu'ils le rencontraient, ils le poursuivaient en criant :

— Dinan, Guingamp, Lannion, Loudéac.

Voilà pourquoi nous connaissions si bien le département des Côtes-du-Nord. Chance incroyable, au certificat d'études, en géographie, je suis tombé sur ce département. J'ai eu 10. Cela m'a valu d'être classé 2e du canton. Jamais je n'ai été aussi *glorieux*.

Le père Bernardin menait sa classe rondement, il fallait marcher droit et travailler ferme. Il n'aimait pas, selon son mot, ceux qui « bayent aux corneilles ». Sauf exception rare il désignait les élèves par leur nom de famille. Il savait créer l'émulation parfois en utilisant la vanité naissante de tout son petit monde.

Le mercredi soir, il distribuait les devoirs pour le jeudi. Cela consistait toujours en un problème et une récitation à apprendre. C'est à cette époque que j'ai rencontré La Fontaine qui avait sa

1. La sous-préfecture de Loudéac fut supprimée par Poincaré.]

59

faveur. Mais il nous donnait aussi à apprendre des morceaux de Jean-Jacques Rousseau, George Sand, d'Erckmann et Chatrian, dont il aimait « L'ami Fritz », de Sully Prudhomme. Il avait un faible pour le rêve de Sully Prudhomme car il nous enseignait que les hommes étaient solidaires, qu'ils devaient s'entraider, et il nous faisait apprendre par cœur le fameux sonnet qui appuyait son enseignement :

« Nul ne peut se vanter de se passer des hommes.
Et depuis ce jour-là, je les ai tous aimés ».

Le vendredi matin on récitait les fables apprises la veille, et on corrigeait les problèmes.

La séance de récitation était un divertissement. Les uns récitaient d'une traite, en chantant, sans reprendre haleine de peur de perdre le fil. D'autres au contraire, tels des comédiens chevronnés, vivaient leur fable et la faisaient vivre aux autres. Ils articulaient, ponctuaient, mimaient, c'en était une joie. Le père Bernardin était heureux.

La correction du problème se faisait au tableau, un élève était désigné pour en donner la solution. Cette solution était presque toujours juste, car le jeudi on se communiquait les résultats. Certains dans la crainte d'être interrogés le lendemain, en apprenait par cœur la solution, le maître qui connaissait bien ses gens envoyait au tableau un de ceux-là :

— Ragonnet au tableau !

Et Ragonnet commençait à réciter la solution. Le père Bernardin posait alors une question, demandait une explication, Ragonnet « perdait les pédales » et séchait... Un autre, plus astucieux, prenait le relai et conduisait à son terme la solution.

De temps à autre, nous avions la visite de l'inspecteur primaire. A l'époque, c'était un petit gringalet vêtu de noir, la tête droite sur un grand col de celluloïd, portant des lorgnons cerclés d'acier, retenus par un cordon noir. Il regardait nos cahiers et nous posait quelques questions. L'inspection était toujours favorable et le père Bernardin qui restait souverain dans sa classe ébauchait un sourire à la fois satisfait et moqueur. Il fallait bien satisfaire l'inspecteur car c'est lui qui présidait le jury du certificat d'études. Au cours de sa longue carrière, alors qu'il présentait chaque année au « certif » comme nous disions, une dizaine d'élèves, il n'a connu qu'un seul échec. Il faisait les certificats d'études en série, ne ménageant pas sa peine. En vérité depuis le mois de mai on bachotait ferme. Il gardait les candidats le soir et plusieurs fois, pour les entraîner, il les soumettait à des épreuves d'examen.

Le père Bernardin, cela peut paraître contradictoire, était à la fois patient et impulsif. Patient, car pour être compris, il n'hésitait pas à répéter deux fois, trois fois... dix fois les mêmes choses. Il était impulsif avec les paresseux et il est peu d'élèves qui n'aient reçu un coup de casquette ou même une gifle. Une « mournifle » disions-nous. Il punissait rarement et toujours la punition apparaissait comme la conséquence logique d'une faute. Il mettait un élève au piquet et même pour une faute grave, il le mettait à genoux dans un coin. Parfois aussi, quand au tableau un élève ne savait pas sa leçon, il lui donnait au visage un coup de chiffon tout imprégné de craie. Toute la classe s'esclaffait devant le visage de clown de la victime. Cette moquerie était sans doute la punition la plus efficace. Son autorité était telle qu'elle s'étendait au-delà de la classe. Le jeudi, quand on jouait sur la place, si les jeux devenaient trop bruyants, un coup de sifflet retentissant partait de la fenêtre ouverte de sa chambre à coucher qui était au deuxième étage, la dernière à droite en regardant la mairie. Alors, instantanément le calme revenait !

La cour de récréation était assez loin de l'école. Les deux classes, celle des petits et celle des grands, y descendaient en même temps, en rangs par deux et en chantant à l'aller et au retour. Presque toujours on chantait un chant patriotique et revanchard que tous les petits Français de notre âge connaissaient, surtout ceux de l'Est :

> Vous n'aurez pas l'Alsace et la Lorraine
> Et malgré vous, nous resterons Français,
> Vous avez pu germaniser la plaine,
> Mais notre cœur vous ne l'aurez jamais.

Nos jeux les plus courants étaient les barres et la balle au chasseur et en hiver les glissades en sabots. Le père Bernardin et son adjoint, la longue pèlerine jetée sur les épaules, se promenaient faisant des aller et retour, toujours au même endroit, dans le prolongement du chemin des fossés.

La récréation durait vingt minutes. Un coup de sifflet en

annonçait la fin. Les élèves se rangeaient par deux et en chantant regagnaient les classes.

La réputation du père Bernardin était grande, tout le monde savait que Rougemont avait le meilleur instituteur de la région. Aussi certains élèves des villages voisins venaient en classe à Rougemont. De mon temps, il y en avait de Montferney, Chazelot, Cuse, Gouhelans, Thieffrans. Les plus éloignés prenaient pension chez des parents ou des amis. Mais la réputation du maître allait au-delà des limites du canton, aussi avait-il créé chez lui, un petit internat de six à huit élèves, fréquenté par des jeunes du Pays de Montbéliard et de Besançon. C'est ainsi que le Caporal Peugeot, première victime de la guerre 1914-1918 venant d'Etupes, fréquenta cet internat. C'est à Rougemont qu'il a préparé et passé avec succès le brevet élémentaire et le concours d'entrée à l'école normale de Besançon. J'ai connu moi-même plusieurs jeunes de Besançon qui étaient mes amis comme Fremiot, Bonnet et d'autres.

François Bernardin enseigna à Rougemont pratiquement pendant tout le premier quart du siècle. C'était l'époque des luttes religieuses, l'époque ou le curé et l'instituteur se faisaient souvent la guerre. Il fut lui respectueux de l'église et de ses prêtres, tout en restant fidèle à la tradition de Jules Ferry et de l'école laïque. Il entretint toujours les meilleures relations avec l'abbé Courtalon, et jamais un conflit sérieux n'exista entre eux.

Longtemps, de 1908 à 1919, c'est-à-dire pendant tout le temps ou Agnan Gonneaud fut maire, il exerça les fonctions de secrétaire de mairie. Jamais les registres de la commune ne furent mieux tenus. Quand on fait des recherches concernant cette période, dans les registres des délibérations, et les registres d'état-civil, on retrouve cette belle écriture calligraphiée qu'il passa sa vie à enseigner aux enfants de Rougemont.

Il connaissait bien les problèmes de la commune et apportait son aide aux deshérités, il était le conseiller de tous. Tous les jours, vers 11 h 30, il venait à l'étude de Maître Gonneaud située dans un immeuble appartenant à mon père et voisine de notre maison, faire signer au maire les papiers officiels. Je le vois encore, sa casquette bien posée sur sa tête ronde, un dossier sous le bras, enroulé dans son ample pélerine gris foncé.

Il était grand chasseur. Dès le début de septembre et jusqu'à la fin des vacances, il passait ses journées à la chasse. Plusieurs

fois je l'ai accompagné. Quand il tuait un lièvre, il le faisait « pisser »
et le plaçait dans la grande poche à l'arrière de sa veste, les pattes
avant débordant d'un côté, les pattes arrières de l'autre. Il aimait
le père Morteau, le braconnier du village, avec lequel une nuit il
était allé, en fraude, chasser le ramier. Il aimait raconter cette
aventure qu'il ne renouvela pas.

— L'voit vou s'tu lè ? disait le père Morteau. Il ne voyait rien,
mais le père Morteau tirait et un ramier tombait.

Il aimait la passe à la bécasse et il avait une spécialité culi-
naire. Quand chez lui, ou chez des amis, il y avait au menu une
bécasse, c'était toujours lui qui préparait la fameuse tartine.

Il ne pensait sans doute à la retraite que pour la chasse, mais
hélas, il n'en profita pas !

Tous les instituteurs rêvent, je crois, de faire de leurs enfants
des agrégés. Le père Bernardin n'avait qu'un fils : Pierre. Il réalisa
son rêve, son fils devint un brillant agrégé de mathématiques. Il
enseigna peu de temps, mobilisé en août 1914, il fut tué en septembre.
Ce fut pour son père un coup terrible. Quand quelques mois après
il apprit l'affreuse nouvelle, il laissa exploser son chagrin. Pendant
des jours il pleura sans retenue, il faisait peine à voir. Puis coura-
geusement il reprit son enseignement.

Il avait acheté sur la route de Gouhelans une belle maison
pour y vivre sa retraite qu'il prit vers 1923. La mort de son fils
unique l'avait désespéré, il mourut un an plus tard.

Il fut un instituteur hors série.

Tous ces anciens élèves dont certains devinrent ingénieurs,
notaires, professeurs, officiers, instituteurs et qui se reconnaissent
à leur belle écriture, gardent de lui un souvenir impérissable et une
grande reconnaissance.

LES FÊTES

Profanes et religieuses

LA FÊTE PATRONALE

Elle était attendue par tous, jeunes et vieux, avec une grande impatience, parce qu'elle était une triple fête : fête religieuse, fête familiale et fête foraine. Elle était l'occasion de retrouvailles pour ceux qui avaient quitté le pays et d'une réunion pour les parents, pour les intimes, pour les amis des villages proches ou lointains, invités aux réjouissances chrétiennes, familiales ou profanes. Ils arrivaient les uns à pied, les autres en voiture à planches ou en calèche, les plus éloignés par le train.

C'était d'abord la fête du Saint-Patron, à tel point qu'on va, non à la fête du « pays » mais à la Saint-Laurent, à la Saint-Martin, à la Saint-André ! A Rougemont, la Nativité de la Vierge est notre fête patronale. Elle se célèbre le jour même, si le 8 septembre est un dimanche, sinon, c'est le dimanche qui suit le huit.

Le dimanche matin on montait à l'église du Crotot pleine de fidèles en habits de fêtes. Ceux de cinquante ans avec leurs costumes de noces, les femmes avec leurs longues robes et leurs corsages à manches à gigot...

La Messe revêt un cérémonial imposant : diacre et sous-diacre, ornements des grands jours, luminaire, décoration. Le père Moussard, le bedeau, porte sa tenue numéro un, avec sa belle hallebarde à pompons, il marche digne et solennel. Le chœur des demoiselles, bien exercé chante de beaux cantiques à la gloire de la Vierge. Un prédicateur de renom, invité tout spécialement, célèbre avec éloquence la Reine du Ciel.

Un paroissien — choisi par le curé parmi les plus aisés — pour le pain bénit de la Nativité, a offert de la brioche ! Cela ne se fait que pour la fête et pour Pâques.

La cérémonie est brillante, grandiose même.

A la sortie, sur le parvis de l'église, on se retrouve, on s'interpelle, on se congratule, on s'embrasse...

Et voici venue l'heure de la fête familiale : le dîner [1].

Le repas de la fête était préparé longuement. Le samedi qui précédait, les hommes ne s'aventuraient pas dans la cuisine, les femmes étant trop affairées à préparer les mets du lendemain. Il s'agissait avant tout de manger beaucoup de viande dont toute l'année on était privé. Si l'on veut comprendre — et justifier — le repas pantagruélique de la fête, il faut le voir comme une exception aux privations de presque un an. Sauf à la fête et à Pâques, en fait de viande, on ne mangeait que celle du cochon que chaque ménage tuait. Dans certains villages, les jours précédant la fête, on promenait dans les rues un bœuf gras, les cornes enguirlandées de rubans. Il était tué dans une grange et débité ensuite entre les habitants. Chaque famille en achetait au moins quatre à cinq kilos. C'est sans doute l'obligation de passer par l'abattoir qui a fait abandonner cette coutume.

A Rougemont, à la viande de bœuf, on préférait généralement les produits du poulailler ou de la « cabane à lapins » qu'on avait soi-même engraissés pour la circonstance. Le repas comportait alors des plats-maison tels que croquettes de volailles, poulet en fricassée ou lapin en sauce, suivi d'un gigot farci de quelques gousses d'ail.

Beaucoup de familles disposaient encore d'un four dans lequel on cuisait de savoureuses brioches au beurre et d'énormes tartes de fruits de saison, de pruneaux et de mirabelles, qui accompagnaient l'inévitable crème fouettée, régal des enfants, servie dans une espèce de grande soupière où flottaient quelques icebergs de mousse blanche, sur une crème jaune qui sentait bon la vanille. On se servait largement avec le pochon [2].

Sur la table recouverte d'une belle nappe blanche, on avait sorti le service des grands jours et l'argenterie. Le protocole n'existait que pour les hommes. Le père s'asseyait au bout de la table, avec à ses côtés les hommes les plus importants par l'âge et la renommée... et le reste généralement se débrouillait.

1. En Franche-Comté, le dîner est le repas de midi, celui du soir est le souper.
2. Pochon : louche.

A la maison, la table était dressée dans la grande salle, mon père et ma mère présidaient ayant à leurs côtés dans un ordre où la préséance était respectée : le vieil oncle de Puessans et les oncles, tantes et cousins de Marnay, d'Arc-et-Senans et d'ailleurs.

L'ambiance était vite créée, entretenue par des vins choisis par mon père et adaptés aux plats : vins de pays bien sûr, « Champotey » et « Bourdon », mais dans mon souvenir d'enfant, j'ai l'impression que les bons crus de Bourgogne et de Bordeaux avaient la préférence. Après le café c'était, servie dans la tasse encore chaude, l'inévitable « goutte » qui réchauffait les cœurs. Alors, parfois, ceux qui avaient une belle voix poussaient la chansonnette. C'était le cas du cousin de Marnay, qui sans se faire prier entamait son répertoire, toujours le même.

Vers cinq heures tout le monde se rendait à la fête et vers sept heures trente on se remettait à table pour souper. Mais moi, dès que par la grande porte ouverte, m'arrivait par bouffées la musique des « chevaux de bois » je ne tenais plus en place. Mon père, pour la fête était généreux et au passage, les oncles faisaient le complément. Je dévalais alors les escaliers de la terrasse, et en moins de temps qu'il n'en faut pour le dire j'étais sur la place.

Les souvenirs que j'évoque ici, se situent entre 1908 et 1914, c'est-à-dire que sur la place il n'y a pas encore de monument aux morts et, pendant toutes ces années-là la fête foraine s'installait de la même façon.

Le bal était entre les tilleuls et le mur de la place. Les chevaux de bois de Jacques étaient sur la place à gauche et les balançoires de Triponey à droite. De chaque côté de l'avenue de la gare étaient des baraques diverses de forains, avec en première place, près du café Millerin, le tir de Triponey.

Dans la cour de récréation était installé le jeu de quilles des conscrits avec comme prix, pour le gagnant, un mouton enrubanné et bêlant, attaché au tilleul de l'abattoir à cochons.

Les « Cafés » aussi, si je puis dire, étaient de la fête, surtout les plus proches de la place.

Alphonse Millerin et Louis Stouck ne savaient plus où donner de la tête et de la voix en distribuant les chopines et les canettes.

Le clou de la fête pour les enfants, c'est les « chevaux de bois », pour les jeunes et les moins jeunes, c'est « le bal des Jacques ». Les chevaux de bois et le bal tiennent une telle place qu'ils méritent chacun une chronique spéciale.

La fête dans son ensemble, c'est un grouillement et des bruits que j'entends encore en écrivant ces lignes. Sur la place, c'est la foule partout, sur les manèges et autour des manèges, du tir, des baraques et sur le chemin qui conduit au jeu de quilles des conscrits. C'est les balançoires sur lesquelles des garçons debout, par un puissant et gracieux mouvement du corps, montent de plus en plus haut. Si haut qu'à un moment on s'imagine qu'ils vont faire le tour, ils atteignent presque la barre transversale. C'est alors que retentit une remontrance de la femme Triponey qui actionne un levier soulevant une planche sur laquelle vient frotter la balançoire dont l'élan, brusquement, se brise. C'est le tir très entouré par ceux qui viennent faire un carton ou casser des pipes, avec le bruit sec des balles qui s'écrasent sur la protection de fer. C'est la baraque de la « tête de turc », les coups sourds du maillet et la détonation terrible à faire éclater les tympans, qui salue la victoire d'un costaud. C'est les loteries diverses et c'est les bruits divers. La musique des chevaux de bois et sur le soir la clarinette et la grosse-caisse des Jacques, mais c'est aussi un bruit permanent, presque lancinant, de gosses qui soufflent dans des trompettes et surtout dans des ballons de baudruche pour les entendre ensuite *couiner* en un bruit assourdissant. Chacun en a les oreilles pleines et on s'amuse quand l'une ou l'autre de ces baudruches trop tendues éclate... au grand désappointement du gamin qui n'a plus entre les doigts qu'un sifflet muet !

La fête dure deux jours, le dimanche et le lundi. Les invités partaient le lundi en emportant généralement une brioche.

Le dimanche suivant c'était le « retour de la fête », le « revirot » comme on disait : une espèce de ressucée réservée surtout aux gens du pays.

Le bal des Jacques.

C'était le clou de la fête !

Pendant un siècle, les Jacques ont installé leur bal démontable sur les places publiques de la région. Ils faisaient partie de la tradition. A la vérité ils s'appelaient Sirhenry, mais le fondateur, le père, ou même le grand-père de mon héros, je ne sais plus, se prénommait Jacques et de père en fils, pour tout le monde, ils sont restés « les Jacques ». Ils appartenaient à une famille de « musiciens » et jouaient admirablement de la clarinette et du piston.

Les Jacques, dans mon souvenir qui remonte autour de 1910, paraissaient un couple bien assorti. Lui, avec sa trogne enluminée comme un soleil, ses moustaches à la gauloise qu'il a coupées ensuite, et son gros nez bourgeonné qui ressemblait à une énorme fraise bien mûre, était populaire dans toute la contrée. Sa femme, « la mère Jacques » comme on l'appelait, était une énorme matrone aussi amoureuse de la dive bouteille que son seigneur et maître. C'est elle qui, avec ses doubles fonctions de « caissière-gendarme » et de « grosse-caisse-cymbalière » animait le bal.

A Rougemont depuis 1890 le bal est toujours installé au même endroit : entre la rangée de tilleuls et le mur qui limite la place. Avec son entrée sur l'avenue de la gare, il s'incruste si bien dans cet espace qu'on croirait qu'il a été fait spécialement.

Le bal démontable est un grand plancher rectangulaire, une panne faîtière soutenue par trois poteaux de quatre mètres de hauteur supporte une bâche verte, bien tendue qui vient se fixer sur des pannes latérales reposant sur des poteaux de deux mètres. Tout au tour une toile verte qui s'enroule de bas en haut ferme le bal. L'intérieur est décoré de guirlandes et de lampes. Au fond, face à l'entrée, une tribune surélevée ornée d'une tenture rouge. C'est là qu'officient le père Jacques et son acolyte. A droite de la tribune, sur un support bas, une grosse-caisse avec dessus une cymbale fixe et une cymbale mobile : c'est le domaine de la mère Jacques.

De chaque côté, sur toute la longueur du bal, des bancs de bois et sur le poteau central une corde est enroulée.

L'orchestre le plus souvent, était composé de trois personnes : Jacques et sa clarinette, un piston et la mère Jacques avec sa grosse caisse qui donnait le rythme.

A l'époque, quatre danses étaient à l'honneur : la valse, la mazurka, la polka et la scottish. Elles étaient jouées toujours dans le même ordre.

La polka avait la préférence des plus âgés qui dansaient en sautillant ; la valse avait la préférence des jeunes. Ils la dansaient vite, l'œil fixe, tournant d'abord à droite, puis après un arrêt brusque, repartaient en tournant à gauche. A chaque fête le père Jacques apportait de nouvelles danses : « des danses de Paris ! » disait-il. Mais les mêmes rengaines ont longtemps fait tournoyer les couples. En ce temps-là c'étaient : « La valse des roses », « La Tzarine », « La valse bleue » et plus tard : « Sous les ponts de Paris ».

L'entrée du bal était gratuite et les danses étaient payantes. Dès que le bal s'ouvrait, des femmes, qui venaient soi-disant surveiller leurs filles, mais surtout satisfaire leur curiosité, prenaient d'assaut les bancs qui couraient de chaque côté. Le père Jacques terminait invariablement ses morceaux par un roucoulement rapide de sa clarinette, ponctué d'un formidable coup de grosse caisse et de cymbale de la mère Jacques qui immobilisait sur place les danseurs, tels des automates.

On entendait alors Jacques tonitruer :

— Embrassez vos dames !

tandis que la mère Jacques se précipitait sur la corde pendue au poteau central en clamant :

— Passez la monnaie !

C'était l'époque où chaque danse et sa « reprise », comme on disait, étaient payantes. La danse se composait, en effet, de deux parties dont la longueur variait avec l'affluence, plus il y avait de danseurs, plus les danses étaient courtes. La mère Jacques tirait alors sa longue corde et canalisait les couples qui se promenaient autour du bal en se tenant bras dessus-bras dessous. Chaque couple ne pouvait passer la corde qu'après avoir payé le prix de la danse, soit deux sous.

Les danseurs pouvaient prendre un abonnement pour toute la soirée et se libérer ainsi de la corde et de la promenade.

Dès le dernier encaissement effectué, la mère Jacques enroulait sa corde et pour ne pas perdre de temps criait à l'adresse de son mari :

— « Roulez musique » ! ou « Joue Jacques ! » et la danse reprenait endiablée.

Comme début septembre il fait encore chaud, surtout quand on danse, on relevait la toile du côté de la place et les gens s'agglutinaient sous les tilleuls pour regarder les danseurs. C'était le coin des commères et des voyeurs. On regardait qui fait danser qui, et on échaffaudait des intrigues. Parmi ces spectateurs, était toujours le père Pinard, le pharmacien. Célibataire endurci, quoique coureur de jupons, il passait des heures à regarder les couples et à supputer leurs aventures. Il était debout sous son panama, la barbe au vent, moqueur derrière ses lunettes fumées et souriant en montrant de belles dents bien blanches.

Il connaissait tous les couples et leurs intrigues et le bal était pour lui une leçon de choses. Il n'en perdait pas une miette. Mais parfois la mère Jacques pour attirer plus de monde sur son bal baissait la toile. Les gens protestaient et le père Pinard en maugréant regagnait sa pharmacie.

Sur le bal privé d'aération, la température montait vite et les danseurs sortaient leurs mouchoirs pour éponger leurs fronts mouillés. C'est peut-être alors qu'on respirait le mieux le parfum du bal, car le bal des Jacques avait son parfum propre, un parfum étrange qui flotte encore à mes narines.

Pour rendre le parquet glissant on répandait dessus du suif en poudre, le soir on allumait des lampes à pétrole souvent fumeuses. Cette odeur de suif et de pétrole brûlé se mêlant à celle de la sueur des hommes et des parfums des filles, donnait quelque chose d'indéfinissable : le parfum du bal des Jacques !

L'emplacement du bal, comme celui de tous les forains, était loué par la commune au plus offrant. Pendant un siècle les Jacques n'eurent pratiquement jamais de concurrents. Plusieurs rivaux avaient bien tenté de les supplanter mais en vain, les Jacques ne craignaient aucune concurrence. Une seule année pourtant la lutte fut chaude. Au lendemain de la guerre, à la fête de septembre 1919, les conscrits, je ne sais pourquoi, tentèrent d'éliminer Jacques. Les enchères de la place grimpèrent, Jacques l'ayant emporté, les conscrits firent venir un autre bal qui s'installa avenue de la gare sur un terrain privé appartenant aux Fournerot. Cette année-là il y eut donc deux bals, mais comme pendant cinq ans on avait été sevré de toute fête populaire les deux bals firent recette. Les conscrits cependant, transportant sur une voiture à bras de boucher l'effigie de Jacques, étaient venus la brûler sur la place en chantant :

> T'es cuit, t'es cuit
> père Sirhenry...

Ce ne fut qu'une péripétie et les années suivantes, les Jacques continuèrent... en se modernisant. Au lieu de faire payer les danses on fit payer, pour la soirée un prix d'entrée. La corde et la promenade des couples disparurent. On ne délivra pourtant pas de ticket, car la mère Jacques, finaude et près de ses sous, avait deviné qu'un ticket pouvait passer de main en main et servir à plusieurs danseurs. On remplaça donc le ticket par un coup de tampon encré sur la main, qu'on avait, le lendemain, beaucoup de mal à laver. Ainsi la mère Jacques évitait la resquille qui, toute sa vie, a été sa hantise.

Ce n'est que vers 1975, aucun des enfants ne voulant continuer la tradition, que disparut le bal des Jacques, mais le souvenir demeure...

Les vieillards n'évoquent jamais leurs premières amours sans y associer le nom des Jacques et les plus jeunes, pour qui la vie est souvent difficile, leur vouent un souvenir fidèle pour les conquêtes dont ils étaient, chaque année, redevables au bal des Jacques !

Les chevaux de bois.

Ils feraient rire aujourd'hui les « chevaux de bois » de mon enfance, les chevaux de bois des Jacques. Autour de 1890, ils avaient ajouté à leur bal, déjà très populaire, un manège de chevaux de bois qui fonctionnait suivant le principe des manèges à battre de nos granges. Le plancher qui supportait les chevaux était suspendu à une armature de bois faisant corps avec un arbre central.

Au milieu des chevaux, symétriquement disposés, il y avait deux voitures rustiques, l'une bleue, l'autre rouge, avec de simples bancs de bois se faisant vis-à-vis. Les chevaux de bois étaient fixes, ce n'était pas encore des chevaux qui montent et qui descendent, ils se tenaient droits comme des bêtes bien dressées.

Pauvres chevaux de bois ! Quand je les ai connus ils avaient déjà plus de quinze ans et il valait mieux ne pas les regarder de trop près. Ils étaient couverts d'égratignures, certains perdaient un œil de verre qui tombait de l'orbite et les queues n'avaient plus que quelques crins noirs qui pendaient tristement à leur petit derrière de bois bien propre.

Qu'importe, on les aimait bien ces chevaux de bois surtout qu'il y avait le décor ! L'arbre et ses supports disparaissaient sous les plis d'une immense tenture de velours rouge parsemé de perles et de broderies chatoyantes et bordé de franges d'or. Le manège était éclairé par de grosses lanternes carrées se reflétant dans d'innombrables verroteries. Les tiges de fer qui soutenaient le plancher étaient entourées de fourreaux de cuivre rutilant.

Puis il y avait l'orgue ! L'orgue sur lequel on lisait en lettres d'or : « Limonaire et Cie de Paris » et qui débitait à longueur de journée des airs altiers, joyeux ou sentimentaux. L'orgue était pour moi une énigme ? J'ai longtemps soupçonné le père Jacques de cacher à l'intérieur un homme pour souffler dans des trompettes dont on voyait les pavillons de cuivre derrière une gaze rouge. A la vérité c'était un peu cela. L'orgue était actionné par une manivelle que tournait avec un plaisir évident le vieux Obéron qui aimait, comme il disait : « sa belle musique ! »

L'orgue débitait des cartons perforés au travers desquels l'air passait pour aller actionner les lamelles des diverses notes. Les airs étaient les rengaines à la mode. Longtemps ce fut : « C'est mon cou-cou, c'est mon cousin », « Pense à moi blondinette », « Viens dans ma nacelle », « La boîteuse d'Alençon ». Plus tard on changea les cartons et ce fut des marches dont « Le régiment de Sambre et Meuse » était la plus altière. L'orgue tournait avec le manège, la place du bourg donnant sur cinq rues : la grande rue, la rue basse, l'avenue de la gare, la rue du pont et la rue du vieux moulin, les échos de l'orgue emplissaient ces rues par rafales à des centaines de mètres à la ronde et attiraient les gosses qui accouraient alors comme les guêpes sur les *vouicottes* de la mère Gain. C'était ainsi le vieux Obéron et son orgue qui, vers les trois heures de l'après-midi donnait le signal de l'ouverture de la fête foraine.

En ce temps-là l'électricité n'actionnait pas encore les manèges. Ils étaient, ai-je dit, construits suivant les principes des manèges à battre de nos granges et ils étaient actionnés de la même manière, c'est-à-dire par un cheval. On retirait du plancher une planche spéciale et on introduisait à l'intérieur un cheval. A Rougemont c'est la vieille jument borgne de Voirin, la « grise » qui tournait à n'en plus finir comme à la machine à battre. Le père Voirin avait en même temps, avec sa « grise » le monopole des chevaux de bois, du corbillard municipal et du fiacre local.

Souvent des gosses s'agrippant à une des barres de cuivre arrivaient, avec un peu d'audace à resquiller une place sur le plancher en profitant de l'inattention de la mère Jacques occupée à encaisser les deux sous de ses clients de l'autre côté du manège. Ils restaient ainsi jusqu'à l'arrivée de la matrone, sautaient en tenant toujours la barre et faisaient semblant de pousser le manège. Parfois, la mère Jacques arrivait en catimini et d'un coup de pied sournois délogeait les resquilleurs qui effectuaient un saut brusque en avant suivi souvent d'une chute dans la poussière ou dans la boue.

Il arrivait que la « grise » qui cumulait les emplois n'était pas disponible pour les chevaux de bois. La mère Jacques engageait alors des gosses qui n'avaient pas le moyen de s'offrir des tournées payantes, elle les introduisait à la place de la « grise » pour pousser le manège. Les volontaires ne manquaient jamais et il fallait souvent contenir leur ardeur car le manège tournait alors trop vite. En récompense, ils avaient droit à quelques tours gratuits et, honneur suprême, ils étaient quelquefois admis à tourner la manivelle de l'orgue pendant que le vieux Obéron se reposait et se rafraîchissait.

J'étais dans les privilégiés. Le père Jacques qui, disaient les gens : « n'avait pas le nez rouge de sucer de la glace » était un client de mon père [1] et par réciprocité commerciale il me prenait un abonnement sur les chevaux de bois.

Je passais donc des heures sur les chevaux de bois mais sans oublier les autres distractions de la fête.

Il en est qui avaient moins de chance, témoin Louis Postif [2] qui dans une revue comtoise d'entre les deux guerres, racontait sur les chevaux de bois de Jacques une amusante histoire qui me servira de conclusion :

« La place du bourg étant surélevée d'environ un mètre cinquante au-dessus du niveau de la rue, je voyais, en une interminable sarabande, défiler les maisons et les promeneurs endimanchés. Ce vertige, accompagné des flons-flons du « Limonaire » me plongeait dans l'extase »...

1. Mon père était « Négociant en vins en gros ».
2. Louis Postif né à Gouhelans en 1887, journaliste à Londres, a été le traducteur de plusieurs écrivains anglais dont Jack London.

« Les meilleurs tours étaient ceux qui voyaient la fin de mes ressources. Mais qu'ils duraient peu ! Je soupçonnais le père Jacques de m'escroquer. J'appréhendais avec angoisse l'instant où il faudrait tendre l'ultime pièce de deux sous. Je ne m'en séparais qu'avec un cuisant regret. Je descendais alors du manège, vacillant sur mes jambes, prêt à perdre l'équilibre. Tout confus, je regagnais le gîte paternel. »

«... Je « tapais » mes oncles et mes tantes et les autres invités avec une désinvolture que mon père ne tarda pas à remarquer. Il ne me frappa point ; il ne m'envoya pas coucher et ne me menaça pas davantage de pain sec. Il témoigna au contraire, d'une extrême bienveillance dont j'aurais dû me méfier.

« Le lendemain, ce lendemain mémorable, c'est lui-même qui, gentiment, me conduisit près de Jacques. Après avoir débattu le prix de l'abonnement pour la journée entière, c'est-à-dire jusqu'à la fermeture du manège, il me ficela sur le coursier de mon choix et je recommençai à tourner...

« Oh ! les premières heures furent un vrai délice. L'après-midi mon plaisir s'était légèrement émoussé et après dîner... la farce me paraissait moins drôle.

«... Emporté dans cette ronde infernale, je regardais mélancoliquement devant moi et à chaque arrêt, j'essayais de me dégager de mon coursier. Peine inutile ! J'y étais étroitement sanglé, ne formant qu'un avec lui.

« Résigné à mon sort et malgré le tohubohu de la fête, je finis, dès neuf heures, par m'endormir tout à fait sur mon cheval.

« Vers minuit, au moment de la clôture, mon père vint me chercher. La tête affaissée sur la poitrine, je ronflais, paraît-il comme un sonneur. On me déficela, je me frottai les yeux, tout surpris de me retrouver là. Fourbu, brisé, dégoûté de tout, je me laissai choir sur les jambes de la bête. On me ramassa avec une bosse au front et mon paternel me conduisit tout droit au lit.

« Cette fois j'avais pris les chevaux de bois en horreur. »

Jusqu'à leur disparition à la guerre de 1914-1918, ce ne fut pas le cas, heureusement pour les Jacques, des autres gosses de Rougemont qui, devenus vieux, conservent le souvenir des chevaux de bois de leur enfance.

LE 14 JUILLET

Si la fête patronale est la fête du saint patron, le 14 juillet est l'anniversaire de la prise de la Bastille et la fête de la République. C'est toujours cela ; mais la joie, l'enthousiasme ne sont plus les mêmes.

Comme pour la fête patronale, il y avait une fête foraine, avec le bal, les chevaux de bois et les multiples baraques, mais pour le 14 juillet la fête foraine était l'accessoire, le complément. L'essentiel c'était la retraite aux flambeaux, le feu d'artifice, la revue des pompiers, le grand banquet avec le discours du maire et l'après-midi les jeux pour les enfants et les adultes : la course en sac, les jeux du baquet, le jeu de la poêle, la course de vélos, la course d'échasses, le mât de cocagne et aussi, pendant deux jours, lancés par les gosses, les pétards qui éclataient partout.

Le 14 juillet était une fête municipale et populaire.

D'abord tout le monde pavoisait ! Dès le samedi soir tous les habitants plantaient des drapeaux à leurs fenêtres. Mon père en mettait trois accrochés au balcon, un de chaque côté, un au milieu. La façade principale de la mairie en avait à toutes les fenêtres, plus un faisceau sur la colonne de la fontaine monumentale.

Rougemont devenait tricolore !

On accrochait aussi des lampions aux fenêtres et on les allumait pendant la retraite aux flambeaux et le soir du 14 juillet.

Le treize au soir, entre neuf heures et neuf heures trente, le garde champêtre et le secrétaire de mairie distribuaient aux gosses deux lampions accrochés aux extrêmités d'une latte clouée sur un long manche. Les pompiers en grande tenue, portaient des torches allumées. A neuf heures trente, à la nuit tombante commençait la retraite. En tête du cortège marchait la fanfare jouant des airs martiaux, les gosses suivaient avec leurs lampions, enfin venaient les pompiers avec leurs flambeaux. Ils marchaient sur deux rangs assez écartés.

Quelques pompiers précédaient le cortège et le long de sa route allumaient des feux de bengale de différentes couleurs : bleus, rouges, jaunes, verts qui brûlaient avec de grandes lueurs colorées en dégageant des nuages de fumée. Des gosses suivaient en lançant des pétards.

Tous les gens étaient dans la rue ou aux fenêtres regardant et applaudissant la retraite aux flambeaux qui défilait dans toutes les rues du village.

Après la retraite — ou parfois le soir du 14 — c'était le feu d'artifice. Il était tiré au Breuil, dans le grand pré d'Edmond Guillemin, avec en toile de fond les saules du ruisseau et une rangée de peupliers. Les gens se massaient sous les marronniers qui bordaient l'avenue de la gare, du café Berçot au pont. On dominait ainsi le spectacle qui était magnifique avec les fusées de toutes les couleurs qui pétaradaient dans le ciel, les tourniquets lumineux, les vagues étincelantes. Les pompiers qui étaient les artificiers apparaissaient dans la lumière comme des fantômes noirs brandissant leurs allume-feux.

La grande finale, une immense cascade lumineuse éclatait enfin arrachant à la foule un long murmure d'admiration.

Le matin du 14 juillet c'était la revue des pompiers. Les pompiers souvent à la tâche étaient ce jour-là à l'honneur.

Le feu a toujours été pour les hommes et surtout pour les gens de la terre un objet de crainte. A Rougemont on a conservé longtemps le souvenir du terrible incendie, aux causes restées inconnues, qui le 12 mars 1632 a ravagé le village faisant six morts et des dizaines de blessés. Pour combattre le feu, au début, on faisait la chaîne avec des seaux d'eau, mais dès la fin du XVIIIe siècle on créa dans les villes et les villages des corps de pompiers bénévoles formés d'officiers de sous-officiers et de sapeurs. Le corps de sapeurs pompiers de Rougemont date de cette époque. Il a connu des hauts et des bas mais au début du siècle, il était magnifique et comptait quarante hommes commandés par un capitaine, un lieutenant et un sous-lieutenant. Il avait pour l'époque un matériel de choix :

deux pompes à bras de taille différente, une grande, une plus petite avec une quantité de tuyaux enroulés sur des tambours portés par un véhicule spécial. Une remise pour le matériel existait au rez-de-chaussée de la mairie.

Le 14 donc, à dix heures avait lieu la revue des pompiers. La « compagnie de sapeurs pompiers » comme on disait, avec à sa tête le capitaine Ecarotte et avec tout son matériel traîné à bras d'hommes défilait devant les officiels rangés devant la mairie près de la fontaine. Le maire présidait entouré de son conseil municipal et des représentants des corps constitués en redingote et en haut de forme. Le défilé continuait dans les principales rues et se terminait par une démonstration. La plus grosse pompe s'arrêtait vers la fontaine, pour puiser l'eau dans un des bassins, les tuyaux étaient rapidement déroulés, jusqu'à la cour de récréation, des sapeurs s'attelaient au long balancier de la pompe et en quelques minutes un jet puissant arrosait l'abattoir à cochons.

Très vite on enroulait les tuyaux (qu'on séchait le lendemain sous les voûtes de la mairie) et la compagnie s'alignait en rangs impeccables pour saluer le maire.

Le capitaine lançait alors un retentissant :

— Rompez les rangs !

Il était midi, c'était l'heure du banquet.

Le banquet du 14 juillet était un événement. Dans l'année il y avait trois banquets, celui du Comice, celui des vétérans de la guerre de 1870 et celui du 14 juillet qui était le plus important. Il était offert par la municipalité qui, pour des raisons d'équité dont l'intérêt électoral n'était pas absent, en confiait la réalisation, alternativement à l'un des trois hôtels : hôtel de la Couronne, hôtel Bizot, hôtel Piotte.

Le banquet avait lieu aux halles, décorées de branchages et de drapeaux, sous la présidence du maire. Il réunissait la Compagnie de sapeurs-pompiers au complet puisqu'il s'agissait de l'honorer, le conseil municipal, les représentants des corps constitués, enseignants, gendarmes, fonctionnaires divers et animateurs des sociétés locales ainsi que les conscrits de l'année parce qu'ils tiraient le mortier. Il comptait toujours entre quatre vingt et cent convives.

A ce banquet on mangeait beaucoup, on buvait plus encore.

Il était souvent l'occasion d'anecdotes dont j'ai raconté quelques-unes dans le chapitre consacré au docteur Guérin.

Le maire y allait de son traditionnel discours, saluant les bienfaits de la République, rendant hommage au dévouement des pompiers ayant un mot aimable pour tous.

Le banquet se terminait vers 15 h 30, parfois sur le « Chant du départ », car l'après-midi était consacrée aux jeux. Les jeux qui se déroulaient au Breuil, sur l'avenue de la gare et sur la place avaient la faveur des gens parce qu'ils alternaient le ridicule qui fait rire et l'adresse qu'on admire. Le maire d'alors Agnan Gonneaud dirigeait lui-même tous ces jeux qui visiblement l'amusaient. Le premier était la course en sac, elle avait lieu au Breuil pour que le pré amortisse les chutes. La foule se rassemblait sur l'avenue de la gare d'où elle suivait la course dans tous ses détails. Tous les gosses pouvaient y participer et les concurrents étaient nombreux. Chaque gosse — pieds et bras — était enfilé dans un sac. Pour les plus petits seule la tête dépassait, pour les plus grands le haut des épaules. Le sac était ficelé autour du corps. La course était de 40 à 50 mètres, les concurrents avançaient en sautant. Rares étaient ceux qui faisaient le parcours sans tomber. Des pompiers suivaient, ils relevaient les gosses qui continuaient. Les séries étaient de six coureurs, le premier gagnait dix sous, le second cinq sous et tous les autres avaient un prix de consolation de deux sous. C'est sans doute pour cela qu'il y avait tant de candidats, deux sous : c'était un tour de chevaux de bois.

Tous les autres jeux, à l'exception du mât de cocagne planté sur la place, se déroulaient sur l'avenue de la gare.

Pour les jeux du baquet et de la poêle, on plantait au bord de chaque trottoir, à la limite du café Berçot un poteau. Ces deux poteaux portaient une corde que l'on pouvait manœuvrer à l'aide d'une poulie. A cette corde on attachait les baquets et la poêle que l'on montait et descendait à volonté.

Les jeux du baquet étaient pour les adultes. Il y avait deux jeux. Dans le premier, sous un baquet de bois était fixée une planche portant une large encoche arrondie. Dans cette encoche on emmanchait un anneau de fer de huit à dix centimètres qui se retirait par une simple pression. Le baquet était rempli d'eau à ras bord et soulevé par la corde à trois mètres et demi environ.

Le concurrent, debout à l'arrière d'un chariot à planches traîné par un cheval devait, armé d'une longue perche, enlever l'anneau. Quand les concurrents étaient nombreux, chacun avait droit à un aller et retour. Le chariot se lançait de vingt mètres environ, le conducteur claquant du fouet essayait d'aller le plus vite possible. C'était un jeu difficile, de grande adresse. La plupart du temps, le joueur touchait la planche ou le bas du baquet et à la joie de la foule il recevait la masse d'eau sur la tête. Parfois, un malin touchait volontairement le haut du baquet, c'était alors le conducteur qui recevait l'eau. Dans la foule c'était du délire, c'était un peu l'arroseur arrosé. A tous les jeux il y a des champions. Quand l'un d'eux passait la perche dans l'anneau, il revenait sur son char, en triomphateur, recevoir l'écu, prix de son exploit.

Pour le deuxième jeu on se servait d'un gros pot de fleurs dont on bouchait le trou inférieur et on le remplissait d'eau. On fixait le pot à la corde par un lien passé autour de la collerette et on le montait à trois mètres. Les concurrents, les yeux bandés, devaient à l'aide d'une perche casser le pot. Un pompier vérifiait le bandeau et plusieurs fois faisait tourner le concurrent sur lui-même. Il le lâchait souvent le dos au pot. Il avançait alors sur la foule qui faisait cercle et qui lui criait :

— Tu gèles, tu gèles...

Il se retournait, avançait prudemment, cherchant du bout de la perche à toucher le pot ou la corde. La foule le guidait de ses cris :

— Tu gèles, tu brûles...

ou l'interpelait par son sobriquet :

— Vas-y Picotte ! Vas-y Tiou-Tiou !

Parfois il avançait trop vite et touchait le pot qui se renversait sur lui. On remplissait le pot et le jeu reprenait. Les malins cherchaient à toucher la corde doucement, aidé par les cris des gens, il glissait lentement sa perche le long de la corde jusqu'à ce qu'il sente le pot. Alors d'un coup sec il tapait, le pot éclatait et l'eau tombait sur le joueur sans trop de dommage pour lui, car il prenait soin de se coiffer d'un chapeau à larges bords.

Le jeu de la poêle avait lieu au même endroit. On accrochait une poêle à la corde et on la fixait à la hauteur de la bouche du concurrent. Au milieu de la poêle noircie et grasse, on appliquait à plat une pièce de deux francs. Le jeu consistait, sans se servir des mains tenues derrière le dos, à prendre la pièce avec la bouche.

Essayez, vous verrez que ce n'est pas facile !

Ce jeu avait ses adeptes. Ils se servaient simultanément du nez et de langue. Avec le bout du nez, touchant à peine la poêle pour qu'elle ne remue pas, ils faisaient descendre la pièce en la retenant du bout de la langue. Quand elle arrivait sur le rebord de la poêle ils la faisaient basculer avec la langue et la saisissaient entre les dents. La foule applaudissait l'adresse et riait à la vue du visage *machuré* du gagnant. Le vainqueur empochait les quarante sous et courait se laver à la fontaine.

La plupart des jeux du 14 juillet étaient des jeux traditionnels, qui étaient les mêmes depuis un siècle, c'est-à-dire depuis que l'on célébrait le 14 juillet. Pourtant chaque année, il y avait un ou deux jeux qui naissaient de la mode du moment. Ces années-là, entre 1908 et 1914, c'était le vélo et les échasses.

Le vélo était alors le « gros cadeau » qui récompensait l'enfant reçu au Certificat d'Etudes. Les gosses, entre eux faisaient la course en imitant « le petit breton », le vainqueur du tour de France.

— Baisse la tête, t'auras l'air d'un coureur ! leur criait-on au passage.

Vers dix-huit ans, quand ils gagnaient des sous, ils achetaient souvent un vélo de course, à boyaux et à guidon renversé. C'est pour ceux-là qu'au 14 juillet on organisait une course.

Il s'agissait d'un circuit à l'intérieur de Rougemont pour qu'il puisse être suivi par tous. On partait de l'avenue de la gare, la rue du Breuil, la route de Tressandans, la rue des Juifs, la route de Cuse, la rue du Vieux-Moulin, la place, l'avenue de la gare. On faisait dix fois le circuit soit en tout quinze à vingt kilomètres. Les coureurs qui étaient des jeunes du canton, avaient de dix-huit à vingt-cinq ans. Ils se prenaient très au sérieux. Ils avaient des maillots de toutes les couleurs, des petites casquettes de toile et bien sûr, comme les « géants de la route » un boyau faisant un huit autour des épaules. A chaque passage ils étaient applaudis, encouragés. On pariait sur les chances de l'un ou de l'autre. Ces années-là, c'était presque toujours le Louis Periot qui gagnait. Plus tard ce fut le Fernand Pégeot qui, une année, gagna même une des grandes courses de Franche-Comté.

Pendant les années qui ont précédé la guerre de 1914, les échasses étaient à la mode. Bien sûr ce n'était pas les hautes échasses des bergers des Landes, fixées aux jambes et laissant les mains libres. Nos échasses étaient faites de longues lattes carrées qui passaient derrière les bras et qui comportaient, à trente centimètres du sol, les supports des pieds avec un petit rebord servant de butée.

Tous les gosses avaient des échasses, on les voyait partout dans le village, faisant la course, dansant, sautant sur une échasse en tenant l'autre sur l'épaule. On était devenu très expert et l'on contait de nombreuses anecdotes.

Lulu Démoly, par exemple, sur de hautes échasses avait décidé de se promener dans les bassins de la fontaine. Les femmes Siry, la mère et la fille, des commères qui jacassaient devant leur magasin le prirent à parti :

— Si c'est pas honteux, grand dadais, si au moins tu tombais dans l'eau.

Elles avaient à peine achevé leur imprécation que Lulu glissait et tombait le derrière dans l'eau. Il avait oublié que la bave des vaches qui buvaient dans ces bassins se déposait au fond faisant une pellicule très glissante. Lulu habitait tout près, un peu vexé, il se relève et court chez lui se changer et mettre sur ses échasses un antidérapant. Il revient alors dans les bassins faire une démonstration triomphale devant les femmes Siry qui bavaient de rage...

Jean Gonneaud et moi, nous nous entraînions pour la course sur une piste de côte terrible : la rue de traverse, la rue de l'Eglise, la petite côte. Alternativement et sans contestation possible, l'un dépassait l'autre, mais un jour nous arrivons au coude à coude :

— J'ai gagné, dit l'un.

— C'est moi, réplique l'autre.

Le ton monte, chacun jette une échasse et avec l'autre servant de lance nous entamons un tournoi pour nous départager. A la vérité c'était sans risque, les échasses en se heurtant faisaient certes beaucoup de bruit mais nous étions à bonne distance.

Quoi qu'il en soit, la Cliauduline Cassamani et la mère Bédu qui étaient dans les parages, croyant qu'on allait se tuer se précipitent pour nous séparer. Instantanément le combat cesse et échasses levées nous nous précipitons sus aux gêneuses.

Ah ! comme elles décampent les bonnes femmes ! Mais la Cliauduline furieuse est venue se plaindre à ma mère. J'ai eu une remontrance et une menace : Je le dirai à ton père.

Je redoutais la réaction de mon père. Quand on lui a raconté l'histoire, en me grondant pour la forme, il avait du mal à réprimer son rire !

C'est dans cette ambiance qu'on organisait le 14 juillet des courses d'échasses homériques.

Elles partaient du pont de l'avenue de la gare et l'arrivée était jugée près de la place. Les gens suivaient ces courses avec d'autant plus d'intérêt que toutes les familles avaient des coureurs. Les concurrents étaient si nombreux qu'on organisait, suivant l'âge, deux catégories et par catégories des séries. Les deux premiers de chaque série participaient à une finale.

J'étais assez fort, je suis arrivé en finale et j'ai été battu d'un cheveu par André Bédu. Mauvais perdant, j'affirmais qu'il m'avait battu parce que ses échasses étaient légèrement plus hautes que les miennes !

J'avais quand même gagné vingt sous, une belle pièce d'argent d'un franc à l'effigie de la Semeuse.

Les jeux se terminaient sur la place par le mât de cocagne. Le mât de cocagne était planté dans le trou du *mai*. C'était un sapin sans écorce, lissé et passé au savon. Il avait quinze mètres de haut, vingt centimètres de diamètre à la base, dix au sommet. A l'aide d'une poulie et d'une corde on hissait au sommet un cercle auquel étaient accrochés un jambon et des bouteilles. Les concurrents étaient des jeunes de 12 à 16 ans. Sur leurs mains et sur leur culotte entre les cuisses, ils mettaient de la sciure de bois agglomérée avec un antidérapant. Malgré ces précautions, l'ascension était difficile. Il était rare que le premier concurrent gagne, le mât glissait trop. Il démarrait très fort, ralentissait, s'arrêtait, essayait de remonter et brusquement se laissait glisser secouant ses mains brûlantes et les mettant sous les bras.

D'autres prenaient le relai.

Quand un, tout près du but s'arrêtait, la foule l'encourageait :

— O hisse ! ô hisse...

Dans un dernier effort il touchait le jambon ou une bouteille.

Il avait gagné.

Il était alors six heures du soir, tout le monde était rassemblé sur la place, c'était l'heure de la fête foraine qui clôturait le 14 juillet.

LES FÊTES ET COUTUMES RELIGIEUSES

A Rougemont, comme dans tous nos villages comtois, l'église a toujours rassemblé la communauté humaine. A peine nés nous y étions portés pour être baptisés et elle est la dernière halte de l'ultime voyage.

Fièrement plantée en haut de la colline, elle est là depuis plus de mille ans. Elle fut d'abord l'église des seigneurs de Rougemont, et devint l'église paroissiale vers 1460. Elle a toujours tenu une grande place dans la vie du village, le dimanche elle en était le centre et tous les jours, trois fois par jour, le matin, à midi et le soir, les cloches sonnaient l'*angelus* appelant les fidèles à la prière.

Dans ce temps-là, malgré les luttes religieuses qui sévissaient, la majorité de la population assistait à la grand'messe de dix heures. Elle était annoncée par trois sonneries de cloches, égrenées de quart d'heure en quart d'heure. L'après-midi c'étaient les vêpres auxquelles assistaient les enfants, les femmes et quelques hommes. Les personnes ou les familles qui le désiraient pouvaient louer leurs bancs à l'année. Les deux travées centrales étaient pratiquement toutes louées. Ceux qui ne louaient pas se plaçaient dans les travées latérales, les femmes dans la travée de gauche face à la chapelle de la Vierge, les hommes dans la travée de droite, face à la chapelle de Saint-Joseph. Dans les bancs loués, hommes et femmes étaient mélangés.

Après les offices on se réunissait sur le parvis, on commérait, on se racontait les nouvelles de la semaine, on se congratulait.

Mais, direz-vous, l'église est toujours un lieu de rencontre des fidèles, on continue à aller à la messe et les grandes fêtes religieuses sont toujours assez suivies ! C'est vrai, mais beaucoup des coutumes et des traditions qui accompagnaient les fêtes et cérémonies religieuses de mon enfance ont disparu. Ce sont uniquement ces coutumes et ces traditions disparues que je voudrais faire revivre.

Le pain bénit.

L'offrande du pain bénit existait dans tous nos village.s Chaque dimanche un paroissien offrait le pain qui était exposé sur un socle recouvert d'un linge blanc et portant un cierge. A l'offrande, le sacristain allumait le cierge et le prêtre bénissait le pain qui était transporté à la sacristie et coupé en petits cubes de deux à trois centimètres de côté. Après la communion le pain était distribué aux fidèles, par les enfants de chœur, dans deux grandes corbeilles d'osier ornées d'un linge blanc. A Rougemont cette coutume, plus que millénaire du pain bénit, a disparu il y a dix ans à peine. C'est dommage et voici pourquoi.

L'offrande du pain bénit remonte à l'origine du christianisme. Dans les temps apostoliques, les fidèles se faisaient un honneur et un devoir de fournir la matière du sacrifice. Le pain et le vin nécessaires à la célébration des saints mystères étaient apportés par eux à l'autel et distribués aux assistants au moment de la communion. Car, en ces temps de ferveur, tous ceux qui assistaient à la messe y recevaient la communion. Puis, quand on se relâcha de cette pieuse habitude et qu'on cessa d'offrir en nature le pain même du sacrifice les fidèles conservèrent la coutume d'en présenter à la bénédiction du prêtre pour être distribué aux assistants, en mémoire de l'ancienne communion, vraiment commune entre tous. Un autre vestige de cette ancienne tradition, conservé longtemps dans un grand nombre de paroisses du diocèse et spécialement à Rougemont consistait en ceci : dans les prières et offertes pour les morts, les parents du défunt présentaient un pain à l'offrande.

Le pain bénit était aussi un symbole destiné à nous donner la plus utile leçon : le symbole de l'union de cœurs qui doit règner entre tous les chrétiens. En nous invitant à manger à la même messe, l'Eglise veut nous rappeler cette vérité fondamentale du christianisme, base de tout ordre social et garantie du bonheur public : que nous sommes tous enfants du même père, membres d'une même famille, appelés à nous asseoir à la même table, sans distinction de classes, sans distinction de riches et de pauvres, égaux et frères par conséquent, ne formant qu'un même corps, comme plusieurs grains de froment ne forment qu'un même pain. Cette grande leçon de fraternité humaine fut-elle jamais plus utile à rappeler et à méditer qu'aujourd'hui où, en dépit de toutes les pompeuses formules égalitaires, nous voyons l'égoïsme s'étaler partout.

Ces quelques explications sur l'origine et le symbolisme du pain bénit feront comprendre pourquoi j'en regrette la disparition et pourquoi, dans mon enfance, cette coutume était scrupuleusement respectée.

L'offrande du pain bénit était un usage dix neuf fois séculaire qui nous avait été transmis par la piété de nos pères. Il était offert chaque dimanche par une famille selon un rite bien établi. Toutes les familles catholiques, pratiquantes ou non, figuraient sur la liste des éventuels donateurs. Si une famille refusait l'offrande du pain, ce dimanche-là, il n'y avait pas de pain bénit. Cela était extrêmement rare.

Le dimanche après la messe, le sacristain apportait un morceau de pain bénit du jour, avec un linge blanc, à la famille qui devait l'offrir le dimanche suivant, ce morceau de pain s'appelait le *chantelot*. Le dimanche suivant, avant la messe, le sacristain venait prendre le pain, généralement trois miches de trois livres, enveloppé dans le linge.

Pour Pâques et la fête patronale, le pain était exceptionnellement remplacé par de la brioche offerte par une famille aisée spécialement sollicitée par le curé.

NOEL.

Noël c'est toujours la fête de la paix et de l'allégresse ! Autrefois c'était plus, c'était aussi la fête de la lumière et de l'espoir. Dans mon enfance, après une joyeuse veillée, c'était l'office si populaire des Matines et de la messe de Minuit. C'était la crèche, les gais Noëls, mélodies champêtres, naïfs cantiques qui avaient le don de parfumer nos âmes de tant de poésie et de joie. C'était la bûche du foyer, la *tronche* qui se consumait lentement dans l'âtre, offrant au retour un brasier salutaire pour réchauffer les membres engourdis par la froidure. C'étaient aussi, près de la cheminée les petits sabots et les souliers qui se remplissaient des cadeaux de l'enfant Jésus.

L'Avent ou les Avents.

Le temps de préparation à Noël et sa liturgie, pourtant pleine d'espérance, n'ont pas fait naître chez nous de coutumes particulières. L'année civile commence le 1er janvier et l'année chrétienne, l'année liturgique le premier dimanche de l'Avent. Ce nom d'Avent qui signifie *avènement* ou *arrivée* est donné aux quatre semaines qui précèdent la fête de Noël, c'est-à-dire l'avènement, la naissance de Jésus.

L'Avent — les vieux disaient les Avents — était un temps de prière et de pénitence. C'est ainsi que dans les cérémonies, l'Eglise prend les ornements violets, le violet désignant la pénitence et c'est dans le même esprit qu'elle s'abstient pendant les messes du temps de l'Avent de chanter le *Gloria in excelsis* cantique de la joie.

Cette liturgie de l'Avent ne marquait pas spécialement nos gens. Ils n'en retenaient que des idées simples, voire même des superstitions. Par exemple on ne se mariait pas pendant les Avents, non pas parce que la liturgie — sauf dispense — l'interdisait, mais par peur. Quand on se mariait pendant les Avents, croyait-on l'homme devenait subitement méchant, ce qui faisait dire :

« Se marier pendant les Avents c'est se marier avec les loups. »

Le temps qu'il faisait pendant les Avents avait une importance pour l'année suivante. On disait :

Tel temps aux Avents
Tel temps tout l'an

ou encore :

Avent sec et froid, année d'abondance
Avent mouillé, an pourri.

La veillée.

Pour l'Eglise les Avents annonçaient Noël, mais les habitants ne préparaient vraiment Noël que quelques jours avant. Certains tuaient le cochon à l'occasion de Noël. On faisait alors boudin, pâté de foie, andouilles, jésus. On tuait aussi des bêtes de la basse cour. On soutirait le vin pour le repas qui précédait la veillée de Noël. Le réveillon en effet, ne se faisait pas après la messe de Minuit, mais avant. Pour le repas de réveillon, les parents et voisins se réunissaient chez l'un d'eux. On mangeait, on buvait, on veillait en attendant les Matines et la messe de Minuit.

Dans la plupart des familles où l'on faisait encore du feu dans l'âtre, il ne fallait pas que le feu s'éteigne pendant la messe de Minuit car cela portait malheur à la famille, il fallait donc qu'il *claire* jusqu'au matin. Aussi mettait-on dans l'âtre — par la suite dans le fourneau — le plus gros morceau de bois que l'on réservait spécialement, c'était la *bûche* ou *tronche* de Noël.

Dans ma famille, le repas de la veille de Noël était un repas normal, mais on veillait en mangeant des gâteaux faits par ma mère et surtout on mangeait les bons marrons chauds, grillés dans une grosse poêle de fonte.

Les Matines et la messe de Minuit.

Les Matines commençaient à onze heures. Dans la nuit les cloches sonnaient comme avant, la grand'messe du dimanche de quart d'heure en quart d'heure. Après le deuxième coup de dix heures trois quarts on se préparait à monter à l'église. On s'emmitouflait dans de chauds vêtements et on montait par la petite côte, certains pour s'éclairer portaient des lanternes.

Les Matines me passionnaient. Je regrette ce temps où les suaves mélodies étaient chantées avec gaucherie parfois, par trois enfants de chœur qui étaient mes camarades et qui étaient choisis en raison de leur voix. Celui qui chantait la leçon *primo tempore* avait à peine dix ans, et Gaston Cassamani qui chantait le *Consurge* n'en avait guère plus.

Moi qui chantait comme une casserole, je les enviais, car ils étaient les vedettes de la soirée, tout le monde les admirait.

A la fin des Matines, le Curé entouré des servants, portait l'enfant Jésus dans la crèche. La crèche était dressée devant l'autel dit de Saint-Joseph quoique la statue qui dominait cet autel n'était pas celle du saint mais une très belle statue de bois de Saint-Antoine datant du xvie siècle et classée monument historique.

La crèche était toujours faite, pour imiter la grotte, de gros papier d'emballage cabossé, constellé d'étoiles d'argent avec un décor oriental. Ce qui me frappait c'était la taille de l'enfant Jésus couché dans sa crèche. Il était aussi gros que ses parents et que les animaux qui l'entouraient. Qu'importe, on l'aimait bien notre crèche on la trouvait belle, elle était l'objet de la dévotion de tous.

A minuit tapant, alors que le curé et les enfants de chœur sortaient de la sacristie pour célébrer la messe, retentissait la belle voix de basse du gros Bécanier :

> Minuit, chrétiens, c'est l'heure solennelle
> Où l'homme Dieu descendit jusqu'à nous...
> Noël ! Noël ! Voici le Rédempteur.

Je sais bien que ce « Minuit Chrétien » était un chant semi profane, qui n'avait alors que soixante ans d'âge, il avait été écrit en 1848 par un certain Cappeau et la musique était d'Adam, l'auteur de *Si j'étais roi*.

Je sais bien que le centre de la messe de minuit c'était l'unanime communion des fidèles, pourtant ce « Minuit Chrétien » du gros Bécanier me faisait vibrer et j'en conserve précieusement le souvenir.

Au retour de la messe, nous prenions, en famille un chocolat chaud et avant de se coucher on alignait les souliers autour de la cheminée de la chambre de mes parents.

A Rougemont, les enfants croyaient au petit Jésus qui, par la cheminée, apportait les jouets que, dans l'émerveillement, on découvrait le lendemain matin dans nos souliers.

Dans des villages assez proches du nôtre le dispensateur des jouets n'était pas le petit Jésus. Dans les Vosges sâonoises, c'était Saint-Nicolas, dans le pays de Montbéliard, la tante Arie.

PÂQUES.

L'Avent qui préparait à Noël n'a pas laissé chez nous, on vient de le voir, de coutumes particulières. Il n'en est pas de même de la Semaine Sainte, « La Grande Semaine », comme on disait, qui préparait à Pâques.

La semaine Sainte ou la Grande Semaine.

Si le dimanche de la Passion est le prélude à la Semaine Sainte, ce sont les Rameaux qui la commencent. La liturgie de l'un et de l'autre était celle de partout. Comme partout le dimanche des Rameaux les gens venaient à la messe portant une petite branche de buis qui était bénite par le prêtre. Mais à Rougemont, comme dans tout le diocèse cette branche bénite était précieusement conservée dans l'armoise comtoise. Quand au cours de l'année il y avait un décès dans la famille, c'est cette branche de buis, trempant dans une assiette d'eau bénite, qui servait aux parents, aux amis, aux voisins à bénir le mort.

Le dimanche des Rameaux qui préludait pourtant aux rigueurs de la Semaine Sainte était un jour de joie pour les enfants. Ils fêtaient l'entrée triomphale de Jésus-Christ à Jérusalem en portant à la messe une grande branche de buis ornée de bonbons, de papillottes, de pains d'épice et de rubans. Plus le rameau était chargé de gourmandises diverses, plus l'enfant était heureux et plus les parents étaient fiers.

J'ignore l'origine de cette tradition qui ne semblait pas préparer les enfants aux privations que réclamaient la passion et les souffrances du Christ. Pourtant, d'une façon générale, les gens vivaient cette grande semaine dans l'austérité.

La Semaine Sainte on travaillait peu. « Il ne faut pas *rebouiller* [1] la terre la Semaine Sainte ! » On se contentait des travaux indispensables, et certains étaient rigoureusement proscrits. La lessive par exemple, qui ne se faisait que deux fois l'an, ne devait pas se faire en cette semaine, cela portait malheur : « Qui lave sa lessive, lave son suaire ! ».

La Semaine Sainte était une période de tristesse, de privation, de compassion. Même le temps, qui était souvent couvert et pluvieux, se mettait au diapason des gens.

Les offices étaient régulièrement suivis. Ils commençaient le mercredi soir par le premier office des ténèbres annoncé par les cloches et auquel les vieilles gens étaient très fidèles. Mais les trois grands jours étaient le jeudi, le vendredi et le samedi pendant

1. Rebouiller : remuer.

lesquels, surtout le vendredi, le jeûne et le maigre étaient strictement observés.

Le jeudi, le jour de l'Eucharistie, était le jour de la communion pascale des femmes, les hommes eux, communiaient le dimanche de Pâques. Ce groupement des communions par catégorie, paraissait commode aux anciens qui aimaient un certain ordre.

C'est au cours de la messe du jeudi saint que les cloches s'arrêtaient de sonner. Pendant le carême et les jours saints, la messe ne comporte pas le chant du *Gloria*. Par exception, à la messe du Jeudi Saint on chante le *Gloria*. Pendant ce chant le servant de messe agite continuellement sa sonnette et le sacristain sonne toutes les cloches. Le chant fini le servant remise sa sonnette à la sacristie et le sonneur remonte les cordes des cloches. Les cloches se taisent alors jusqu'à la messe du Samedi Saint où cloches et *Gloria* reparaissent.

A Rougemont, les offices cessaient alors d'être annoncés, pour être exact il fallait consulter les horloges. Dans plusieurs villages voisins, les enfants de chœur, les gosses, armés de crécelles, parcouraient les rues pour annoncer les offices et même les Angelus.

Quand les cloches cessaient de sonner, on faisait croire aux gosses qu'elles « allaient à Rome se faire bénir par le Pape ». Les gosses y croyaient ou n'y croyaient pas, mais ils faisaient toujours semblant d'y croire pour avoir droit aux œufs. Les cloches, en effet, selon la tradition, rapportaient de Rome des œufs pour les enfants.

Le Vendredi Saint, jour de la Passion du Christ, c'était l'adoration de la croix et à trois heures le Chemin de Croix. Pour la circonstance on sortait et on exposait la belle croix d'argent du xve siècle classée par les Beaux-Arts, et que la légende locale attribue à Thiébaud de Rougemont, archevêque de Besançon de 1404 à 1429. Ce jour sans cloche avait un caractère mystérieux qui impressionnait même ceux qui n'allaient jamais à l'église et qui, pour rien au monde, n'auraient voulu manquer d'aller adorer la croix.

La messe du samedi matin était celle, je l'ai dit, du retour des cloches, et pratiquement de la fin des contraintes du carême. Pourtant c'était l'office de la semaine sainte le moins suivi, parce qu'il était, malgré son magnifique symbolisme, beaucoup trop long et beaucoup trop compliqué pour les fidèles. C'est Pâques, c'est la résurrection du Christ qui était pour nos gens la grande fête de la libération, la grande fête du renouveau spirituel et matériel. On quittait ce jour-là les lourds vêtements d'hiver pour porter costumes, toilettes et chapeaux neufs. Pour fêter la fin du Carême, à l'église on remplaçait le pain bénit par de la brioche bénite et le dîner était toujours pantagruélique.

Oui, pour tous, Pâques était le renouveau général.

Les œufs de Pâques.

Les œufs de Pâques restent bien sûr une tradition entretenue par les confiseurs, ce sont maintenant des œufs de chocolat que l'on vend, même à la porte des églises. Dans ce temps-là, c'était des œufs ordinaires, « des œufs de coqs » disaient malicieusement les vieux ! On *détournait* les œufs de la semaine sainte et plus spécialement ceux du Vendredi Saint. Ces œufs étaient cuits durs et teints. Il n'y avait pas encore de teintures chimiques vendues chez l'épicier ou le droguiste, on colorait les œufs avec des teintures végétales. La plus employée était la pelure d'ognon pour teindre les œufs en brun, mais on employait aussi le bois de campêche, les écorces de *vernes*, le marc de café et même pour teinter en jaune les racines d'orties. Il y a des femmes qui mettaient les œufs teints dans une fourmilière, où les fourmis passaient la teinture s'en allait et cela faisait de belles arabesques.

Ces œufs teints étaient offerts par les parrains à leurs filleuls, dans les maisons on en offrait aux visiteurs, ils servaient pour le retour des cloches et aussi pour jouer.

Le Samedi Saint, les enfants avec de la mousse confectionnaient des nids dans le jardin pour que les cloches au retour de Rome y déposent leurs œufs. Pendant qu'ils étaient à la messe, les parents y mettaient des œufs teints. Parfois aussi ils les cachaient dans l'herbe ou sous des bosquets.

Quand les enfants, au *Gloria*, entendaient sonner les cloches, ils ne tenaient plus en place. Dès la messe terminée, quel galop pour aller dénicher les œufs et les chercher dans le jardin !

Les œufs de Pâques servaient aussi à jouer.

Certains s'en servaient comme de grosses billes, des boulets. Essayez, vous verrez que ce n'est pas facile, un œuf çà ne roule pas rond ! Le jeu le plus répandu était celui de la « *taque des œufs* ». Ce jeu se jouait à deux. Chacun dans son poing prenait un œuf teint ne laissant passer qu'un petit morceau de coquille, on *taquait* ces deux parties l'une contre l'autre, celui dont l'œuf se cassait avait perdu et il donnait son œuf à l'autre. Les malins, auparavant, éprouvaient la solidité de leur œuf en le frappant doucement avec les dents serrées. On essayait ainsi de repérer la chambre à air pour éviter de la présenter à l'adversaire.

La Fête-Dieu.

La fête-Dieu, la fête du très saint sacrement tenait alors une place énorme dans la religion. C'était une des plus anciennes et des plus populaires. Elle était par ses reposoirs, sa procession déployée dans les rues du village, une manifestation extérieure de foi. Les processions de la fête-Dieu avaient lieu deux dimanches successifs de juin. Ces jours-là toutes les rues du village où passaient la procession étaient balayées et décorées de branchages et de fleurs. Même les incroyants acceptaient que les voisins décorent leurs maisons.

Les reposoirs, trois chaque dimanche, étaient dressés toujours aux mêmes endroits. L'un au pied de la vieille croix de pierre du xvie siècle, haute de trois mètres environ qui se dresse dans le bas de la grande côte, sous les tilleuls, près de la gendarmerie ; le deuxième contre la porte d'entrée de l'hôpital et alternativement l'un ou l'autre dimanche un dans la rue basse contre la grande porte de l'hôtel de Choiseul [1], l'autre dans la rue du pont dans le « renfoncement » de la Maison Bardot [2].

En général, les hommes dressaient la carcasse du reposoir, parfois c'était une simple fourragère ; les jeunes gens allaient au bois chercher la verdure ; les femmes et les jeunes filles assuraient l'ornementation. Tous rivalisaient de zèle et de goût pour faire le plus beau reposoir. Ecoutez la description que donnait l'abbé Courtalon des reposoirs de la fête-Dieu du dimanche 20 juin 1909 :

1. Ancienne Maison Guillemin, aujourd'hui « Le Manoir » école des auxiliaires puéricultrices.
2. Aujourd'hui la maison Cour, le renfoncement a disparu.

« La bénédiction du Saint Sacrement a pu être donnée à trois reposoirs, tous d'un fort bon goût : le premier près de la gendarmerie, drapé avec grâce dans sa fraîche robe blanche ; le second, dans la rue basse, remarquable par son encadrement de fraîches et abondantes verdures et son parterre de roses effeuillées au doux parfum ; le troisième, de genre rustique, avec ses mousses, ses fleurs des champs, sa grotte, le tout disposé avec un art qui laissait deviner la main d'un habile architecte. »

La procession se déroulait toujours dans le même ordre. En tête venait la grosse croix portée par le plus grand des enfants de chœur, flanqué de deux autres qui portaient des cierges. Les enfants portant des bannières marchaient derrière, alignés de chaque côté de la route ; suivaient les femmes rangées de la même façon. Dans l'espace central laissé par ces deux rangées vont et viennent six « fleuristes » et six « thuriféraires » vêtus de longues robes blanches, ceints de bleu ou de rouge. Ce groupe d'enfants de chœur, sous la conduite d'un jeune manœuvrant avec habileté le livre de bois à claquette, effectuait des évolutions représentant diverses figures géométriques en jetant des fleurs et en encensant, ils rendaient hommage en divers points du parcours et devant les reposoirs au saint sacrement.

Quatre hommes, des notables ou des conscrits, portaient le dais sous lequel le prêtre tenait le saint sacrement. Deux jeunes gens, un de chaque côté du dais, portaient des lanternes allumées.

Derrière le dais était la chorale, les hommes toujours nombreux, fermaient la marche.

La procession partait de l'église et y revenait après s'être déployée en raison de l'emplacement des reposoirs dans les principales rues du bourg. Une bénédiction du saint sacrement était donnée à chaque reposiir.

Dès que la procession était terminée on démolissait ces reposoirs. Les fidèles se précipitaient alors sur les bouquets et les verdures qui décoraient le reposoir pour les porter dans leurs maisons et dans leurs granges, car ils avaient la vertu, disaient-ils, de protéger de la foudre.

Le pèlerinage de Notre-Dame de Montaucivey.

Les comtois les plus riches allaient en pèlerinage à Einsiedeln en Suisse, ou même à Lourdes, mais chaque village avait son pèlerinage, souvent très proche.

A Rougemont, nous avions Notre-Dame-de-Montaucivey à laquelle nos gens vouaient et vouent encore un culte particulier.

En 1854 le choléra avait ravagé la région faisant partout, notamment dans la proche vallée de l'Ognon, des milliers de morts. L'abbé Mourand alors curé de Rougemont, fit le vœu solennel, si la paroisse était épargnée du fléau, d'élever sur la colline de Montaucivey une chapelle dédiée à la Vierge.

Après trois mois de ravages, et plus de dix mille victimes, vers le milieu de septembre, au moment de la fête de la Nativité de la Vierge, fête patronale de Rougemont, brusquement le choléra cessa.

Nos pères tinrent leur promesse et construisirent la chapelle de Montaucivey, dans un enthousiasme comparable à celui des bâtisseurs de nos cathédrales. Tous : enfants, jeunes, femmes, hommes, vieillards participèrent à sa construction. On raconte encore qu'un homme de plus de cent ans, le père Stouck, porta lui-même les deux premiers arrosoirs d'eau.

Pendant longtemps chaque ménage eut, en bonne place une image de « Notre-Dame-de-Montaucivey, protectrice de Rougemont et du vignoble ».

Chaque année le 15 août, a toujours lieu le pèlerinage à Notre-Dame-de-Montaucivey.

Je me rappelle de mon premier pèlerinage, c'était le 15 août 1910, j'avais à peine sept ans.

La veille et le soir du 15 août, la chapelle avait été illuminée par les soins de l'abbé Moussard alors séminariste. A la nuit, les feux de nombreuses lampes et verres de diverses couleurs, disposées en lignes harmonieuses, éclairaient la façade de la chapelle qui se voyait de plusieurs kilomètres à la ronde.

La procession du 15 août avait lieu après les Vêpres souvent par une chaleur accablante qui ne ralentissait pas le zèle des pèlerins. L'ordre de la procession était le même que pour la Fête-Dieu, mais il n'y avait ni dais, ni « fleuristes », ni « thuriféraires ». A la montée, comme à la descente, on récitait des chapelets et on chantait des cantiques à la gloire de la Vierge. A la chapelle il y avait une bénédiction et une homélie du curé qui exaltait : « l'espoir, la confiance filiale et inaltérable dans la toute puissante intercession de la Vierge Marie ».

Le pèlerinage de Montaucivey ralliait alors non seulement la population de Rougemont, mais aussi celle des villages des environs et spécialement de Gouhelans.

LES GRANDS ÉVÉNEMENTS
ET COUTUMES

LES GRANDS ÉVÉNEMENTS DE LA VIE

De sa naissance à sa mort, l'homme de cette époque vivait en respectant des traditions dont certaines dataient du Moyen Age. Les grands événements de l'existence, naissance, baptême, mariage, mort, étaient marqués pour tous par des coutumes religieuses ou non, qui étaient prétextes à de grands rassemblements familiaux ou sociaux. Des cadeaux, des repas, des cortèges, des danses ajoutaient au caractère extraordinaire de la cérémonie. Ce sont ces traditions qui vont être relatées.

La naissance et le baptême.

On accouchait chez soi et seules les femmes assistaient à l'accouchement. Le médecin n'était appelé qu'en cas de difficulté, quand l'usage des fers était nécessaire.

La sage-femme, la mère Morteau, avait le rôle principal. Elle assistait la jeune accouchée pâle et souriante dans le grand lit blanc. La mère Morteau, pendant plus de trente ans, a accouché toutes les femmes du canton de Rougemont. Elle avait l'art d'aider la femme dans son enfantement pour que l'accouchement soit plus léger et que l'enfant ne soit pas en péril. Quand l'enfant est né, la sage-femme le reçoit, « lui coupe le nombril du long de quatre doigts et le noue ». Elle lave l'enfant pour ôter le sang dans un bassin d'eau tiède qui a été spécialement préparé, elle le frotte pour sécher et conforter les membres et le présente à la mère.

Le nouveau-né était alors emmailloté.

Pour l'emmailloter on le mettait sur l'oreiller qui était sur la table. Le maillot était une sorte de carré de toile avec sur les bords des tresses qui servaient au ficelage du bébé. Les jambes bien allongées, les bras collés au corps, l'enfant était ficelé comme un saucisson et enfermé dans un molleton fixé avec une sangle ou des épingles de sûreté. L'enfant ne restait jamais tête-nue, il portait en tout temps un bonnet lié sous le menton.

On le plaçait alors dans son berceau.

Parfois c'était une simple corbeille à linge contenant une paillasse, le plus souvent, le berceau : le *bré* ou *brésoue* était fait d'osier, de petites lattes ou de bois avec des pieds en arc de cercle qui permettaient le bercement.

Après son accouchement, la jeune maman recevait la visite des parents et des amis. C'était l'occasion de sortir du trousseau et d'exhiber les belles chemises de dentelle et les beaux draps brodés.

Très vite on songeait au baptême. Le vœu de l'Eglise était que l'enfant soit baptisé le plus tôt possible après la naissance. C'était parfois le dimanche après mais le plus souvent, le deuxième ou troisième dimanche qui suit la naissance. On faisait ainsi coïncider le baptême avec les « relevailles » de la mère.

Par tradition, les parrain et marraine étaient choisis dans la parenté naturelle, ce choix contribuait à renforcer la famille en créant un nouveau lien plus volontaire. Pour le premier enfant, le parrain était le grand-père paternel, la marraine la grand-mère maternelle ; pour le deuxième, le parrain était le grand-père maternel la marraine la grand-mère paternelle. Pour les suivants, c'était les oncles et tantes, puis les cousins et cousines, mais rarement on sortait de la famille.

C'était encore dans les familles très catholiques, comme au début du christianisme, une vraie parenté religieuse. Mais le plus souvent, pour l'enfant, « mon parrain », « ma marraine », sont des personnages généreux et affectueux. On employait d'ailleurs ces noms au lieu de ceux de la parenté normale : grand-père, grand-mère, oncle, tante, cousin, cousine.

C'était essentiellement par les cadeaux que l'on se montrait bon ou mauvais parrain.

Les cadeaux traditionnels étaient pour le premier de l'an et pour les grandes occasions : Première Communion et mariage.

Pour la première communion, la marraine offrait le missel, le parrain offrait « quelque chose qui sert », par exemple une montre

Le choix du nom de baptême était important. Aujourd'hui, les parents choisissent le nom qui leur plaît et qui n'est pas toujours dans le calendrier. En ce temps-là, il y avait des règles, des coutumes. Le prénom du grand-père paternel était souvent donné au premier enfant si c'était un garçon. Dans certaines vieilles familles on retrouve ainsi toutes les deux générations le même nom de baptême Quand les parents choisissaient pour leurs fils un autre prénom, ils y ajoutaient alors, en deuxième prénom, celui du grand-père.

Le jour du baptême, le parrain faisait souvent un cadeau à la marraine, on les appelait le compère et la commère. Le cortège du baptême était formé des invités au repas. Le plus souvent, l'enfant était porté par la femme qui l'a reçu, c'est-à-dire par la sage-femme. Les parrain et marraine, le père et la mère et les autres invités suivaient.

L'enfant, qui depuis sa naissance sortait pour la première fois, était vêtu de sa robe de baptême. C'était une longue robe blanche avec de la dentelle. La robe de baptême était familiale, elle servait pour tous les enfants, on ne la prêtait jamais à d'autres. Elle allait généralement à un des enfants.

Sur la tête de l'enfant, on mettait deux bonnets, le premier le *chrèmeau* servait, comme la robe à tous les enfants de la famille, le deuxième, très enveloppant avait pour but de garantir l'enfant du froid.

Le *chrèmeau* ou « bonnet de baptême » a alors une utilité liturgique. C'est lui que le prêtre met sur la tête de l'enfant après avoir versé l'eau et fait l'onction du Saint Chrème d'où son nom. Le prêtre dit : « Reçois ce vêtement blanc que, immaculé tu présenteras devant le tribunal de notre seigneur Jésus-Christ. »

La sonnerie des cloches qui annonçait le baptême était différente pour un garçon et pour une fille. Pour un garçon c'était la grosse cloche, pour une fille la petite cloche.

Les formes de la cérémonie liturgique du baptême étaient déterminées depuis longtemps et presque immuables. Ce qui frappait le plus les gens, attentifs aux rites, c'était l'accessoire grain de sel [1]. On en tirait alors une sorte d'horoscope. Si l'enfant criait on disait :

---

1. Ces formes liturgiques du baptême ont été modifiées par Vatican II. Le chrème et le sel, notamment, ont été supprimés.

« ce sera un chanteur », s'il suçait le sel sans broncher plutôt avec plaisir, on disait : « il aura toujours un grain de sel sur la langue, il aura toujours soif, ce sera un ivrogne. »

Après le baptême, le cortège rentrait à la maison où devait avoir lieu le repas et c'était dès le retour la traditionnelle cérémonie des *nailles*. Les nailles c'était des dragées — à l'époque toujours blanches — que le parrain et la marraine jetaient aux enfants du village rassemblés sous les fenêtres. D'où vient ce nom de *nailles* ? Les nailles dit Van Genepp « correspondent aux *natalia* des Romains et Gallo-Romains d'où en Franche-Comté le nom de nailles ».

Les dragées étaient payées par le parrain, elles emplissaient une corbeille mélangées à de la menue monnaie, pièces d'un sou et de deux sous en bronze et quelques pièces de cinq sous en nickel. On les jetait à la poignée par la fenêtre, dans la cour ou même dans la rue bien balayée.

Tous les enfants du village étaient là qui se disputaient dragées et pièces. C'était une terrible mêlée ! Grands et petits, chacun en voulait sa part. On criait, on se bousculait, on se tapait. L'égoïsme règnait en maître. Après quelques minutes d'une indescriptible bagarre, le combat cessait faute de projectiles.

Les cris s'arrêtent, le calme renaît, chaque gosse compte son *butin*. S'il est copieux et si les dragées sont bonnes on salue joyeusement le parrain et la marraine. Mais quand il y avait peu de pièces de monnaie et que les dragées étaient de qualité médiocre, les gosses appelaient cela des « crottes de bique » et se vengeaient en insultant le parrain :

— Parrain purée ! Parrain ruiné ! Parrain gredin !...

La tradition voulait que les parrain et marraine offrent une boîte de dragées au curé, à la sage-femme et à la proche parenté et des cornets au sacristain et aux enfants de chœur. On n'avait pas encore les dragées bleues pour les garçons et roses pour les filles, ou le contraire ?

Pour les *nailles* qu'on jetait dans la cour ou dans la rue, on prenait soin le matin du baptême de bien balayer pour que le sol soit propre. C'est pourquoi, quand en temps ordinaire on voyait quelqu'un balayer devant chez lui, on lui disait par plaisanterie :

— T'é anvie du jtie là này ?

(Tu as envie de jeter les nailles ?)

Le repas de baptême était appelé le « repas des nailles ». Dans certains villages on disait : le *coumari* ou *couméré*, ou encore, dans les pays protestants le *bec jaune*.

C'était un repas qui ressemblait à celui de toutes les grandes cérémonies familiales : première communion, fête patronale, il était un peu moins important que le repas de mariage. Les parrain et marraine occupaient la place d'honneur, des dragées étaient sur la table. A la fin du repas on amenait le bébé « pour qu'on le voie » et dans les familles de vignerons on lui mouillait les lèvres avec du « Champotey » ou du « Bourdon ». Le repas de baptême était unique, on se contentait du *dîner*, il n'y avait pas de *souper*.

Toujours emmailloté comme au premier jour le bébé vivait sur son berceau, sanglé par une courroie pour que la mère puisse vaquer à ses occupations. Quand l'enfant pleurait on le berçait, on le berçait surtout le soir pour qu'il s'endorme en lui chantant des berceuses dont la plus courante n'avait rien de très original :

> Dodo, l'enfant dô,
> L'enfant dormira bientôt.
> Quand il aura bien dormi,
> Nous l'emmenerons s'à Paris.

A la vérité on ne savait pas soigner les enfants et le nombre des pauvres petits qui mouraient les premiers mois était effrayant. Pourtant la mère allaitait son enfant. Elle le nourissait même très longtemps, au moins jusqu'à la première dent souvent jusqu'à dix-huit mois et même davantage.

Pour sevrer on avait des superstitions. On sevrait en *lune tendre* (nouvelle lune). Il ne fallait jamais sevrer au mois d'août, c'était un mauvais moment, peut-être à cause de la chaleur ?

La première nourriture après le lait naturel était le *pépet*. Le pépet était une bouillie de lait épaissie de farine et sucrée. Quand l'enfant avait du mal à le prendre, il fallait l'*embosser*. Pour l'*embosser*, on tenait l'enfant entre les jambes, de la main gauche on lui serrait le nez et chaque fois qu'il ouvrait la bouche pour respirer on lui ingurgitait une cuillerée. Certains remplaçaient la farine de blé par de la farine de maïs, ils donnaient à leurs enfants de la bouillie de gaude, les habituant ainsi dès le jeune âge au plat national comtois.

Comme dans beaucoup de familles on avait peu de temps pour apprendre à marcher à l'enfant, on le mettait dans un *passe-passe* où il restait des heures. Le *passe-passe* était un cadre de bois rond de un mètre cinquante à deux mètres de long et quarante centimètres de large. Ce cadre était soutenu aux quatre coins par ces pieds d'une hauteur adaptée à la taille de l'enfant. Sur les deux plus grandes branches du cadre, à l'aide de deux anneaux de fer coulissait un plateau percé d'un gros trou. On introduisait l'enfant dans le trou, les pieds au sol, les bras appuyés au plateau. Il pouvait ainsi sans tomber, aller et venir et apprendre à marcher. Ce dispositif qu'à Rougemont on appelait un passe-passe, s'appelait dans d'autres villages : un *chariot*, un *promenou*, un *viro*.

Quand l'enfant marchait il était sauvé, il pouvait en effet courir et jouer dans la maison et surtout rencontrer et jouer avec les enfants de son âge.

Le mariage.

Les années d'enfance et d'école décrites plus loin, passaient très vite et l'enfant devenait un jeune homme. Le moment arrivait où le garçon, comme on disait dans le langage populaire, pensait à « aller voir les filles » ou à « aller aux bonnes amies » ou encore à « aller aux blondes ». Bientôt se posait pour lui et sa famille le problème du mariage.

Les occasions de rencontres entre les garçons et les jeunes filles n'étaient pas aussi grandes qu'aujourd'hui où, depuis l'école primaire, tout est mixte. Elles existaient cependant. C'était les veillées, les fêtes familiales, les fêtes patronales, le bal, la laiterie où l'on portait le lait, la fontaine où l'on allait chercher l'eau. Les jeunes vivaient, plus qu'aujourd'hui sous l'autorité des parents et surtout du père. Le choix de la fille ou du garçon pour le mariage appartenait autant, sinon plus, aux parents qu'aux jeunes. Les jeunes le savaient et agissaient de telle façon que leur choix puisse être accepté sans difficulté par les parents.

En famille on parlait du mariage, pour les parents les questions de fortune, de *butin*, comme ils disaient, comptaient beaucoup.

J'ai souvent entendu dire par des pères ou des mères qui avaient des jeunes à marier :

— Pour s'marier, y faut des sous ; pi d'la religion.

Les sous d'abord ! Le *butin* des gens était l'essentiel et on tâchait de l'estimer. Ainsi la richesse de la fille était proportionnelle à la grosseur du tas de fumier. Le nattage du fumier témoignait de la qualité de la maison et de son importance. Aussi, quand il y avait une fille à marier le père et les frères s'ingéniaient à bien natter le fumier.

L'importance du trousseau entrait bien sûr en ligne de compte. Bref les jeunes gens avant de se déclarer appréciaient ces choses dont ils entendaient parler par leurs parents.

Quand un jeune homme et une jeune fille avaient du plaisir à être ensemble, quand ils se rencontraient souvent, dans le village on disait « ils se causent » ou « le Joseph cause l'Emilie ». Les parents ne tardaient pas à l'apprendre. S'ils étaient hostiles les rencontres souvent cessaient, s'ils étaient consentants les choses se régularisaient. Les fiançailles, après une demande officielle et qui consistaient en un repas au cours duquel la jeune fille recevait une bague qui scellait l'entente, n'existaient que dans les familles bourgeoises. Chez les gens du peuple, chez les vignerons et les cultivateurs, il n'y avait pas de fiançailles. Parfois il y avait une demande officielle. Elle était faite par le jeune homme lui-même, ou par ses parents, ou même par un intermédiaire ami des deux familles.

Il y avait toujours, un dimanche, chez les parents de la jeune fille, un dîner avec les parents du garçon. Ce dîner s'appelait *là bèvô*, il fallait savoir ce que chacun apportait. On montrait alors ce qui est beau à voir d'où le nom du dîner : *là bèvô* (les beaux à voir).

Après dîner on faisait la visite de la maison, on montrait l'armoire comtoise du trousseau, on faisait le tour de l'écurie.

Cette visite des lieux était générale dans la Comté, dans toutes les familles enracinées. Ce jour-là on fixait la date du mariage.

Les jeunes gens étaient fiancés ce qui leur imposait un certain nombre de règles auxquelles ils devaient se soumettre.

La fiancée ne sortait ou ne voyageait jamais seule avec son futur, elle devait toujours être accompagnée de sa mère, d'une sœur ou d'une amie. Elle n'assistait pas à une fête où son fiancé n'allait pas et surtout, il y avait une chose que les fiancés ne devaient jamais faire, c'était de coucher sous le même toit. Même la veille

111

du mariage il était défendu que le garçon couche dans la maison de sa fiancée : cela, c'était sacré !

La tradition voulait que les invitations au mariage — sauf pour les parents ou les amis éloignés — se fassent de vive voix. Les fiancés allaient donc, à domicile faire les invitations à la noce. Ils prévenaient du jour de leur visite et on les invitait à manger. On invitait les invitants ! C'était une façon d'entretenir les liens familiaux, car au mariage à part quelques amis des fiancés, les conscrits notamment, on se limitait aux parents : parrains, marraines, oncles, tantes, cousins, cousines.

Les familles étant plus ou moins importantes, le nombre des invités variaient de trente à soixante.

Ceux du village ou des villages voisins arrivaient le matin de la noce, les plus éloignés la veille, ils couchaient dans les familles des mariés ou chez des amis.

Le matin de la noce, il fallait habiller la mariée. C'est en général la mère — assistée de la couturière et de la marraine — qui habille sa fille. Autrefois les filles se mariaient sans une robe spéciale, elles portaient une simple robe noire ou de couleur. Au début du siècle, elles portent déjà une robe blanche faite spécialement par la couturière, une couronne de fleurs d'oranger et un voile. Le marié ne doit entrer dans la pièce que lorsque sa fiancée est voilée, sinon cela porte malheur.

Tout ce qui concernait les vêtements des mariés, à part la robe, était acheté ensemble quelques jours avant le mariage. Cela s'appelait : « aller acheter ». Les gens du pays disaient : « ils sont allés acheter », cela signifiait que le mariage était proche. Au même moment on « publiait les bans » à l'église et à la mairie. A la mairie on affichait l'avis dans le cadre réservé aux annonces officielles, on disait alors « ils sont accrochés » ou « ils sont pendus ».

Dans les années qui précèdent la guerre de 1914, le marié ne porte plus la grande redingote, le gibus et le beau gilet en velours avec des fleurs, mais un sobre complet noir, avec une chemise blanche et une belle cravate grise.

Dans les familles catholiques, avant la formation du cortège, on procédait au rite touchant de la bénédiction des mariés par leurs parents.

On allait à la mairie et à l'église en cortège. C'est le garçon et la demoiselle d'honneur qui, une liste préparée d'avance à la main, formaient le cortège. En tête venait la mariée donnant le bras à son père, puis le garçon et la demoiselle d'honneur. Le garçon d'honneur était un frère ou un cousin du marié, la demoiselle d'honneur une sœur ou une cousine de la mariée. Derrière eux venaient les enfants, puis dans un ordre donné des couples formés souvent avec l'espérance de futurs mariages. Le marié donnant le bras à sa mère fermait la marche immédiatement précédé du père du marié donnant le bras à la mère de la mariée.

Le mariage civil était alors une formalité obligatoire qui permettait d'aller à l'église.

A la sortie de la mairie, un conscrit faisait le guet et donnait le signal du mortier. Douze coups étaient tirés tandis que le cortège, par la grande rue et la grande côte, gagnait l'église.

Tous les gens sur le pas des portes et aux fenêtres regardaient passer le mariage et les commérages flatteurs ou désagréables allaient bon train.

En même temps que tonnait le mortier, les cloches sonnaient. Les familles aisées ou fières glissaient la pièce au sonneur pour qu'il tire longtemps les cloches. Ils en avaient pour leur argent.

Les anneaux avaient été achetés ensemble et on se les offrait l'un à l'autre. Avec les anneaux, on mettait sur le plateau, pour être bénite avec eux une pièce d'argent, grosse comme une pièce de cent sous, avec l'inscription : « Ne séparez pas ce que Dieu a uni ». Parfois c'était une pièce ordinaire de cinq francs qu'on gardait ensuite précieusement.

Après avoir répondu l'un et l'autre « oui » aux questions du prêtre, les jeunes gens se passaient l'anneau au doigt. Pour l'homme, l'anneau au doigt était récent, autrefois seul le mari passait au doigt de son épouse, l'anneau d'or.

Le curé prononçait toujours une homélie pour exalter le mariage chrétien et honorer les familles des jeunes gens.

Les invités suivaient attentivement la messe que le curé interrompait avant le « Pater » pour se retourner vers les jeunes mariés qu'il faisait agenouiller sur les marches de l'autel pour leur donner la bénédiction nuptiale.

La messe s'achève, les mariés et les témoins vont à la sacristie pour signer le registre et toute la noce suit pour complimenter les jeunes mariés.

Le cortège se reforme et sort.

Cette fois les deux mariés sont en tête, le père de la mariée et la mère du marié ferment la marche. On se dirige maintenant vers la maison de la mariée, c'est en effet toujours dans la maison de la jeune femme qu'ont lieu le banquet et le bal.

Le menu du repas est abondant et bien préparé mais ne comporte pas de tradition particulière, si ce n'est la pièce montée de trois étages. C'est une espèce de gâteau brioché qui portait à son sommet une petite statue de plâtre ou de porcelaine représentant des jeunes mariés.

A table, les mariés présidaient toujours mais autour d'eux l'ordre variait avec les familles. Tantôt les parents, les parrain et marraine entouraient les mariés, tantôt c'était le couple d'honneur et les jeunes.

Au dîner le garçon d'honneur se glissait sous la table, pinçait le mollet de la mariée qui poussait un cri et il sortait en brandissant : « la jarretière de la mariée ». Il déroulait alors un long ruban blanc d'une dizaine de mètres. Le garçon et la demoiselle d'honneur confectionnaient des petits nœuds qui étaient distribués aux invités et accrochés à la boutonnière.

Le repas se terminait par des chansons, mais les cuisinières ne laissaient pas les invités quitter la table sans faire circuler une assiette où chacun déposait son obole pour les remercier de les avoir régalés. Les pauvres n'étaient pas oubliés, selon la tradition on leur réservait « la part du pauvre ».

Le bal se tenait dans le *poêle* que l'on débarrassait rapidement des tables du dîner ou le plus souvent dans la grange ou sous une remise aménagée. Les musiciens étaient du village ou d'un village voisin. Les jeunes gens du village étaient invités au bal.

Pour passer une nuit de noce heureuse, les jeunes mariés essayaient de s'échapper sans être vus. C'était difficile, car le garçon d'honneur veillait. De toute façon on retrouvait toujours leur « *cache* » et vers cinq ou six heures du matin, les jeunes allaient leur offrir le vin chaud servi dans un pot de chambre.

La noce durait deux jours. Le lendemain, tous les invités dont beaucoup ne s'étaient pas couchés, assistaient à une messe dite pour les défunts des deux familles.

En ce temps-là, les frais de la noce étaient à la charge de la famille de la fille. Plus tard les frais ont été partagés entre les deux familles.

Chaque invité faisait un cadeau de noce. C'était généralement un cadeau utile qui servait au ménage. A Rougemont on le remettait avant ou en arrivant au mariage, dans d'autres villages on le remettait après, en invitant à dîner les jeunes mariés.

La mort.

En cette période, le souci des fins dernières accaparait les hommes. Le désir de la plupart était de mourir en état de grâce. On redoutait la mort violente, instantanée, subite. On souhaitait pouvoir s'y préparer.

Dans le village, quand on savait que quelqu'un était très malade, en danger de mort, on commentait les visites du médecin, on allait aux nouvelles, on suivait sa fin.

La famille demandait au médecin d'être prévenue assez tôt pour administrer au malade les derniers sacrements. Quand le moment était venu, on allait chercher le curé. Il venait en surplis, précédé d'un enfant de chœur qui d'une main portait le bénitier contenant le goupillon, et de l'autre, pendant tout le trajet, sur un rythme lugubre, il agitait une petite cloche.

Les voisins se joignaient aux membres de la famille et envahissaient la chambre au moment des derniers sacrements en répondant aux prières traditionnelles.

Quand le malade rendait le dernier soupir, les membres de la famille proche l'entouraient. C'est fini ! La vie terrestre a cessé. Une autre vie commence... C'est alors qu'on récite la prière « Sors de ce monde âme chrétienne... »

Si un testament existe, on l'ouvre pour connaître les dernières volontés du mort pour l'enterrement.

Dès que la mort est là, on cesse tout travail, on arrête toutes les horloges à l'heure exacte de la mort, on va chercher des voisins, amis pour s'occuper des travaux indispensables et préparer la chambre mortuaire.

C'est au parent le plus proche, femme ou mari, père ou mère, fils ou fille de « fermer les yeux » du mort. On fait alors sa toilette, on lui met son plus « bel habit ». Les membres de la famille se réunissent seuls auprès du défunt et récitent une prière. On étend alors le mort sur le drap qui servira de suaire et on le recouvre d'un autre drap qui cache les pieds et monte jusqu'à l'estomac. On allonge ses bras, on lui croise les mains et entre les doigts, on introduit un chapelet. On voile les glaces, miroirs, grands tableaux d'une étoffe blanche. On met près du lit une table avec un crucifix et deux bougies allumées, à côté on place une assiette d'eau bénite dans laquelle on plonge une branche de buis conservée depuis le dimanche des Rameaux.

A partir de ce moment commence le défilé des gens. Toutes les familles délèguent quelqu'un pour « aller jeter de l'eau bénite » sur le mort et offrir leurs condoléances aux parents.

Un voisin prévenait le menuisier. Rarement il venait prendre les mesures, il connaissait le mort et faisait le cercueil « à vue d'œil ».

· Le cercueil était toujours en chêne, le couvercle était vissé et portait au-dessus un Christ en métal.

La mise en bière se faisait en présence des parents ; celui ou celle qui avait « fermé les yeux » rabattait le suaire, mais avant, chaque membre de la famille, une dernière fois : « jetait de l'eau bénite ».

A l'Angélus qui suivait le décès, on sonnait « le coup de la mort ». Pour un homme la grosse cloche tintait trois fois de façon espacée, pour une femme c'était la petite cloche qui tintait trois fois, avant que les cloches ne sonnent à la volée.

Le mort ne restait jamais seul, la tradition voulait qu'il y ait toujours quelqu'un dans la pièce où il reposait ou dans la pièce voisine, la porte de séparation restant ouverte. On organisait donc la veillée du mort.

La veillée durait généralement deux nuits.

C'était les voisins, les amis, souvent les conscrits qui veillaient. Les veilleurs n'étaient pas nombreux, quatre ou cinq, d'autres les relayaient. Au début de la veillée on « jetait de l'eau bénite » et on récitait une prière puis on passait dans la pièce voisine à l'*outau*.

La veillée n'était pas triste. On parlait de tout, mais surtout du mort, de son caractère, de ses habitudes ; on recherchait et racontait des anecdotes sur sa vie.

La famille préparait aux veilleurs un casse-croûte qu'ils prenaient vers minuit. Il était composé de pain, de vin, de saucisse, de viande, de fromage pour les hommes ; de beurre, de confiture, de miel pour les femmes. Et pour tous du café, la cafetière restant sur le fourneau toute la nuit. Vers six heures du matin on récitait une prière et on s'en allait remplacé par la famille.

Quand le mort était en bière on le passait du *poêle* à l'*outau* où continuait le défilé de ceux qui venaient le bénir.

La levée du corps se faisait à la maison où se rassemblaient tous ceux qui accompagnaient le mort à sa dernière demeure. Ce n'est qu'en 1911 quand fut ouvert le cimetière de Saint-Hilaire, que Rougemont eut son corbillard pour transporter les morts. Avant, six hommes portaient le cercueil à l'aide de trois bâtons de la maison à l'église et de l'église au cimetière.

En raison des côtes et de la longueur du trajet, les porteurs se relayaient. Le cercueil était recouvert d'un drap noir et blanc et une croix de bois qu'on plantait au cimetière était portée par un enfant.

Le cortège comprenait au moins un membre de chaque famille du village et souvent, suivant la notoriété du mort, des délégués des villages voisins.

Devant était le prêtre et les enfants de chœur. Derrière le cercueil, les porteurs de couronnes. C'était des couronnes de perles avec une inscription sur une bande d'étoffe « A mon mari », « A notre père ».

La famille suivait. Les femmes du deuil enfouies sous de grands châles de cachemir noirs qui, avec le châle de couleur faisaient partir du trousseau traditionnel. Dans le cortège, les hommes et les femmes étaient séparés. Si le mort était un homme, les hommes étaient en tête, si c'était une femme, les femmes étaient en tête.

A l'église, à l'Offertoire, tout le monde défilait pour baiser la relique et au « Libera » pour bénir le mort.

Au cimetière, le cercueil était placé près de la fosse sur des plots de bois. Après les dernières prières, les parents recevaient les condoléances de tous et ce n'est qu'ensuite, en la seule présence de la famille, que le cercueil était mis en terre.

Les membres de la famille et les amis qui venaient d'un lointain village étaient invités à ce qu'on appelait le « repas funéraire ». On disait aussi « on donne à manger aux invités ». Le repas avait lieu au domicile du défunt, il était préparé par des voisines et se caractérisait par une relative frugalité. Il comprenait habituellement un potage, un légume, un rôti, une salade, pas de dessert et un seul vin.

A la fin du repas on disait un *De Profundis*.

Le dimanche après l'enterrement, à la grand messe, avait lieu la « prière pour le mort ». On dressait dans l'église un catafalque recouvert d'un drap noir et blanc, entouré de cierges. A l'Offertoire, la première femme du deuil complètement voilée de noir, portait d'une main un cierge allumé et de l'autre un pain rond. Tout le monde défilait ensuite pour baiser la relique.

A la fin de la messe, on chantait le « Libera » et tous les présents venaient bénir le catafalque.

La famille portait le deuil pendant deux ans. Un an de grand deuil pendant lequel elles s'habillaient de gris. Les hommes portaient au bras gauche, un large brassard de crêpe noir.

Le jour anniversaire de la mort, on célébrait une messe dite « messe du bout de l'an » pour le repos de l'âme du défunt. Toute la famille et les amis y assistaient.

Parfois, bien en vue sur la commode du *poêle*, on exposait pendant la durée du deuil, une photographie encadrée du défunt avec dans l'angle supérieur gauche un crêpe noir.

ON TUE LE COCHON

En ce temps-là, presque toutes les familles « tuaient le cochon ».

Au cours de l'année, sauf à Pâques et à la fête, c'était la seule viande que l'on mangeait. Les lapins et les poulets qu'élevaient les gens, ils ne les mangeaient que dans les grandes occasions, la plupart du temps ils les vendaient pour faire quelques sous.

Beaucoup de familles, surtout les plus modestes, élevaient elles-mêmes leur cochon dans une *soute* construite à l'arrière de la maison. On l'achetait petit, à la foire de Rougemont, à un des nombreux marchands spécialisés. On choisissait de préférence un « charolais » ou un « bon cochon de pays ». Le marchand venait le livrer le vendredi après-midi. Il agissait avec la délicatesse propre à tous les marchands de cochons, il le portait par une patte et par une oreille. Le cochon dont les hurlements s'entendaient à des centaines de mètres à la ronde, était précipité dans la *soute* et la porte se refermait sur lui. Il n'en sortait plus que pour aller à la mort et au saloir.

Jusque-là, il n'était pas à plaindre, il était l'être le mieux nourri de la maison. Sa nourriture était faite de « p'tit lait » et de « *patates* », auxquels s'ajoutaient tous les déchets de la cuisine. A ce régime, le cochon engraissait vite, aussi était-il gros et gras quand arrivait le jour du sacrifice sur l'autel de la famille.

Pour tuer le cochon, il y avait dans chaque village, un ou plusieurs spécialistes auxquels on faisait appel. Autrefois on tuait dans les granges, sur une échelle ou un tréteau, mais à Rougemont il y avait déjà un abattoir où l'on devait obligatoirement passer.

Quand on tuait le cochon chez quelqu'un, tout le pays le savait, c'était une fête à laquelle on invitait les amis.

Chez nous, on achetait un cochon gras, et c'était le père Guichard, spécialiste chevronné, qui officiait. Il habitait, avec sa nombreuse famille, dans le bas de la grande côte, près de la gendarmerie. Il a tué les cochons des gens pendant quarante ans.

Le père Guichard était un homme solide, trapu, à la parole sage et lente, à l'œil rond, à la figure enluminée. Je le vois encore avec sa petite casquette et son grand tablier bleu qui avait sur le devant une large poche. Le matin, de bonne heure, il apportait à la maison les instruments qui lui étaient nécessaires et il partait à l'abattoir.

Le cochon arrivait enfermé dans une espèce de cage en bois portée par une voiture à planches. Il devait sentir son destin car dès qu'on ouvrait la cage pour le sortir, avant même qu'on le tire par les pattes, il se mettait à hurler. Ces hurlements qui ameutaient tout le quartier étaient familiers aux gosses du village, car l'abattoir se trouvait dans la cour de récréation... C'est dire que tous les gamins de Rougemont connaissaient bien la façon de tuer le cochon.

Les choses allaient vite.

Le père Guichard saisissait la bête par deux pattes, une avant, une arrière et avec un han de bûcheron la couchait sur le côté. La bête hurlait plus fort, et tandis qu'un aide lui glissait dans la gueule un bâton, un autre avec un nœud coulant la suspendait par les pattes arrières. Alors le père Guichard plongeait — sans hésitation — un long couteau pointu dans la carotide en disant satisfait :

— Jamais je ne rate !

On recueillait soigneusement, dans un *soillot*, le sang qui coulait à gros bouillons et qui allait servir à faire le fameux boudin.

Les hurlements de la bête décroissaient progressivement jusqu'au souffle, tandis que cessaient les derniers soubressauts. On remuait alors les pattes de devant pour faire sortir le dernier caillot de sang : le cochon était mort !

Pendant ce temps, sur la chaudière, l'eau bouillait. Avec cette eau on ébouillantait la bête, et le père Guichard et son aide, à coups de couteau rapides, se mettaient à la raser laissant une couenne rose et nette.

La toilette macabre achevée, le cochon est suspendu par les tendons aux crochets de la poutrelle. Il pend ainsi, la tête en bas et les cuisses écartées. Alors le père Guichard se saisit du tranche-lard, donne un coup sec dans l'épaisseur en haut, et d'une descente bien droite partage l'animal en deux parties symétriques. Les boyaux et les abats dégoulinent dans des baquets en dégageant une odeur insupportable. On vide les boyaux dans le ruisseau voisin, on les lave, on les râcle même, car ils vont servir à faire le boudin et les saucisses.

On lave à grande eau l'intérieur du corps et la curée, bien ordonnée, par le père Guichard continue. Il sépare les viandes à fumer, les viandes à saler et le divers.

La poursuite des opérations s'effectuait alors à la maison où le banc de cuisine servait de chantier au père Guichard.

Il commençait par le boudin. Dans une bassine il battait le sang, auquel il ajoutait de la viande hachée, des cubes de graisse et des oignons. Quand son mélange était prêt, à l'aide d'un entonnoir il le coulait dans des boyaux propres et obtenait le boudin.

On en mangeait, bien grillé, à midi et selon la tradition, chaque famille amie en recevait immédiatement un morceau.

Ensuite, dans une grande bassine rouge en terre cuite, fabriquée spécialement par les potiers comtois, le père Guichard préparait le hachis des saucisses, suivant la recette, disait-il, du « Jésu de Morteau ». On goûtait le hachis, et quand il était à point, avec un appareil à vis d'Archimède on poussait la pâte dans des boyaux assez gros dont on liait les extrêmités avec une ficelle. On avait ainsi de belles, grosses et bonnes saucisses que l'on mangeait, l'hiver, en potées comtoises.

Tandis que la tête et les pieds du cochon baignaient, sur l'évier, dans l'eau d'une bassine, on préparait et pesait les morceaux de viande à saler. Ils étaient alors portés à la cave et déposés avec précaution dans le saloir qui avait été préalablement préparé.

Les morceaux ordinaires ainsi que les déchets étaient placés dans un gros chaudron pour être fondus sur la cuisinière. Après refroidissement, on obtenait le saindoux et un résidu inutilisable qu'en Franche-Comté on appelle *gribons*.

Les plus beaux morceaux, les jambons, les épaules et aussi les saucisses et du lard étaient fumés. On donnait « à fumer » car nous n'étions pas équipés à la maison pour le faire.

C'est une opération délicate. Elle se fait dans une cheminée à hotte, où l'on brûle des branches de sapin ou de genevrier qu'il ne faut surtout pas laisser flamber mais seulement fumer. L'opération durait quelques jours, elle devait être conduite non seulement pour assurer la conservation de la viande, mais aussi pour lui donner un « fumet », que l'on appréciait en mangeant les saucisses et le jambon, et aussi dans la soupe et dans les légumes en y ajoutant une tranche de lard fumé.

Les morceaux fumés étaient suspendus à la hotte de la cheminée de la cuisine, formant une appétissante garniture qui disparaissait progressivement au cours de l'hiver.

Le « repas du cochon » ou le « repas du boudin » était chez nous un bon repas, sans plus, auquel participaient quelques amis. Il était bien sûr tout en cochon : boudin, rôti de porc et pour mon père qui adorait cela, une andouille de tripes.

Dans les jours qui suivaient les repas étaient encore au cochon car il ne faut rien perdre en Franche-Comté et on consommait tout ce qu'on ne pouvait pas conserver. C'était la tête assaisonnée d'une vinaigrette aux œufs et au persil, les pieds de porc grillés, etc.

Pour beaucoup de familles, le « repas du boudin », comme on disait, était avec le repas de Pâques et celui de la fête patronale, la fête de la viande. On invitait les amis et on mangeait, outre le boudin, trois ou quatre plats de cochon comme si on avait à rattraper des jours et des jours de jeûne. On mangeait, disaient les vieux : « à s'en faire taper la sous-ventrière » et on buvait sec.

J'ai connu de ces repas pantagruéliques. Chaque année, étant enfant, mon père nous conduisait à Vregille, son village natal, quand son ami Joseph Chartier tuait le cochon. Alors là, c'était un vrai repas de boudin dont je conserve un étonnant souvenir.

Aujourd'hui, tout le monde mange de la viande, on ne tue plus le cochon comme autrefois. Si on en tue encore — et même des veaux — on conserve la viande au congélateur. Ce n'est plus une fête !

LA LESSIVE, LES LAVEUSES ET LA REPASSEUSE

Il y avait à cette époque, dans tous les villages comtois, des femmes qu'on appelait les laveuses de lessive. Elles passaient leur vie à blanchir, au lavoir ou au ruisseau, le linge de toutes les familles. On faisait la lessive deux fois par an, à la fin de l'été et à la sortie de l'hiver. Le linge sale s'entassait dans le grand coffre du grenier construit spécialement à cet usage.

Il fallait avoir assez de linge pour attendre la lessive. C'est pourquoi toutes les filles, avant de se marier, pendant plusieurs années, préparaient leur « trousseau ». C'était à l'importance et à la qualité du trousseau qu'on mesurait souvent la valeur d'une fille à marier. Plus elle avait de draps, les uns de toile rugueuse, les autres de toile fine, plus elle avait de nappes, de serviettes, de torchons bien rangés dans la grande armoire comtoise, plus elle était recherchée.

La lessive comportait tout un cérémonial. A Rougemont, les laveuses travaillaient en équipe. Au régiment il y avait un caporal et quatre hommes, chez les laveuses il y avait un chef responsable de trois femmes.

Pour nous, pendant des années, le « chef » fut la Julie. Elle habitait rue des Juifs, quand la lessive devenait urgente, ma mère se rendait chez elle, ensemble elles en fixaient la date.

Deux jours avant cette date, un « commis » de mon père sortait le *cuveau* [1] et craignant qu'il se soit *égreli* [2] il le faisait tremper pendant toute une journée et une nuit pour le « retendre ».

---

1. Cuveau ou cuvier.
2. Egrelir ou Egralir : se disjoindre, se détendre.

La plupart des familles, pour la lessive, avaient une buanderie, mais comme elle était généralement exigüe, chaque fois que le temps le permettait, on se mettait dehors en un lieu abrité. Chez nous, c'était dans la petite cour, sous les deux tilleuls taillés en parasols.

On plaçait le trépier au milieu de la cour et dessus, bien calé, le gros cuveau qui était un récipient de bois, légèrement évasé, de un mètre de haut et un mètre et demi de diamètre environ, muni à sa base d'une bonde. A côté, on plaçait la chaudière, large et profonde. C'était un récipient de fonte posé sur un foyer alimenté de gros morceaux de bois. Dans la chaudière on faisait bouillir une dissolution de soude que l'on trouvait alors chez tous les épiciers.

La veille ma mère avait sorti le linge du coffre, elle l'avait compté, un peu effrayée par le nombre de draps, une trentaine ! Elle avait fait tremper séparément le linge le plus fin. Ces précautions prises, on plaçait au fond du cuveau les *bois* de lessive qui consistaient en de simples branches écorcées qui retenaient la crasse et facilitaient l'écoulement du *lessus* [1]. Dessus on entassait le linge dans un ordre donné les draps d'abord, puis les torchons et le linge plus fin : chemises, nappes, serviettes, taies. Cela fait, on étendait par dessus le *fleurier* plein de cendres. Toute l'année, en effet, on conservait les cendres de la cuisinière dans le « cendrier » voisin pourvu d'une grande ouverture en demi-cercle. Ces cendres de bois, bien tamisées pour enlever les clous, étaient enfermées dans un vieux drap de toile qu'on appelait le *fleurier* ou le *drapier* et qu'on plaçait dans le cuveau au-dessus du linge.

On était alors prêts à couler la lessive.

On employait pour cela une espèce de chaudron cylindrique en fer étamé de cinq à six litres, muni d'un long manche de bois. On versait d'abord le *lessus* tiède, puis plus chaud et enfin bouillant. Une vapeur odorante se dégageait qui emplissait la cour.

On recommençait l'opération plusieurs fois. On ouvrait la bonde, on recueillait le *lessus* dans une *seille* [2], il était réchauffé dans la chaudière puis reversé sur le linge et ceci trois ou quatre fois.

---

1. Lessus : eau de lessive, dissolution de soude.
2. Seille : baquet de bois à deux poignées.

Ces opérations prenaient une journée, une journée ce n'est pas trop pour couler une lessive si l'on veut qu'elle soit blanche.

Le lendemain matin, de bonne heure, le linge était retiré du cuveau et déposé dans de grandes corbeilles d'osier achetées aux « camps-volants ». Les laveuses portaient ces corbeilles de linge au lavoir soit sur des brouettes, soit sur leur tête protégée par un anneau de toile bourré de son.

Le lavoir [1] de Rougemont était un monument. Jouxtant les halles construit dans la même pierre de taille que la « Maison commune » il était alimenté par la fontaine centrale et comportait deux grands bassins, l'un pour laver le linge, l'autre pour le rincer. Les bassins faits de grès rose portaient tout autour un plan incliné sur lequel les laveuses posaient leurs *bancs de lessive* [2] dont l'extrêmité baignait dans l'eau.

La Julie répartissait le linge entre les laveuses et le lavage commençait. Courbée sur son banc chaque laveuse mouillait le linge, l'étendait sur le banc et le frottait avec un gros cube de savon de Marseille que ma mère leur avait distribué le matin. Et je lance le drap dans l'eau, et je te le frotte et je te le relance, et je te le refrotte avec des mains mouillées, violacées et reintries. On continue ainsi jusqu'à ce que le linge soit propre. C'est un dur métier que le métier de laveuse !

Après le lavage, on procède au rinçage dans le bassin voisin. Pour rincer le linge, les femmes le lançaient dans l'eau claire, le ramenait sur le banc, le frottait, le tapait, puis elles le tordaient pour l'essorer. Pour tordre un drap, les laveuses se mettaient à deux et lorsqu'il était bien essoré, elles le rangeaient dans une corbeille.

Le linge fin — les nappes, les serviettes, les chemises — était passé au « bleu », les laveuses utilisaient des boules bleues appelées « indique ».

Au lavoir les femmes travaillent dur, cela ne les empêchait pas de parler beaucoup, elles jacassaient sans arrêt. Le lavoir était

---

1. Il y avait à Rougemont des lavoirs dans tous les quartiers, mais trois seulement servaient aux grandes lessives : celui de la Citadelle, celui de la rue des Juifs et surtout le lavoir central.
2. Banc de lessive : planche creusée de sillons sur laquelle on frotte le linge. Elle est retenue par deux tiges de bois

le lieu des commérages du pays, les médisances et même les calomnies allaient bon train, tout le monde y passait. C'était la fille d'un tel qui courait, le garçon d'un autre qui buvait, le secrétaire de Mairie qui trichait, j'en passe. Certaines, comme la mère Bécanier, étaient à cet égard des championnes, elles savaient tout ce qui se passait dans le pays et quand elles ne savaient pas, elles inventaient.

Une seule travaillait sans desserrer les dents, elle ne parlait que pour diriger son équipe, c'était la Julie. La Julie était une sage, une forte femme, pâle, le visage ridé, portant sur la tête un petit fichu noué sous le cou, elle avait une autorité naturelle et une bonne réputation, mais quel coup de fourchette ! Les laveuses, les jours de lessive, étaient en principe nourries chez l'employeur : « dix heures », dîner et « quatre heures ». Ma mère convenait d'un salaire plus élevé mais ne donnait pas à dîner. Par contre, les femmes faisaient les « dix heures » et les « quatre heures » à la maison. Les laveuses s'installaient à la cuisine, sur la table étaient disposés deux miches, des bols de *cancoillote*, des restes de viande et le vin à discrétion.

C'était la détente ! Les femmes mangeaient sans cesser de caqueter, la Julie elle, sans un mot, s'installait et mangeait !... Elle mangeait comme un ogre. Chaque goûter était pour elle « dînatoire ». J'avais l'impression qu'elle préférait la formule de ma mère à celle des autres maisons car pour elle, les « dix heures » et les « quatre heures » étaient de vrais repas et elle gagnait quelques sous de plus.

Généralement les travaux du lavoir se terminaient avec les « quatre heures ». Les femmes rapportaient le linge propre dans les corbeilles et après s'être restaurées, elles aidaient ma mère et la bonne à étendre le linge au grenier, sur les longs fils de fer tendus à cet effet.

Les laveuses redescendaient à la cuisine pour le verre de l'aurevoir. Ma mère réglait à la Julie le salaire convenu en ajoutant un petit rien qui lui valait les remerciements des laveuses qui disaient d'elle : « elle n'est pas *regardante* ! »

Le linge séchait deux ou trois jours. On procédait alors au pliage des draps. J'aimais suivre cette opération. Ma mère et la bonne écartant les deux bras, étendaient le drap, et tiraient en même temps, par coups secs, chacune à soi, entraînant quelquefois l'autre. On pliait le drap en deux avec minutie, on recommençait à étendre et à tirer dans les deux sens, puis on pliait en quatre et l'on tirait encore. On se rapprochait pour plier le drap en deux, dans le sens de la longueur, puis en quatre et parfois même en huit pour les plus longs et l'on avait enfin de beaux draps bien pliés qui s'empilaient dans les armoires, avec entre eux des plantes odorantes où la lavande dominait.

Tout le linge fin, chemises, nappes, serviettes, était repassé, une partie par ma mère, le reste chez la repasseuse.

On portait à la Marie, après la lessive, une grosse corbeille de linge à repasser. La Marie habitait la grande rue, un peu plus haut que la poste. C'était une vieille fille, toute ridée, avec un tablier et une coiffe toujours bien blancs. Elle repassait certaines nappes, les rideaux, les chemises, les jupons blancs. Elle avait dans son atelier un gros réchaud à charbon de bois sur lequel étaient en permanence des fers à repasser en fonte de formes et de dimensions diverses. Il y en avait un gros qui s'ouvrait et pouvait contenir de la braise pour conserver le fer chaud pendant les longs repassages.

En ce temps-là, le repassage était un travail minutieux, l'empesage et le tuyautage demandaient un tour de main particulier et beaucoup d'habileté. La Marie préparait elle-même son « empois ». Chaque repasseuse avait son « secret » qu'elle ne révélait pas. Certaines râpaient tout simplement de la cire de cierge dans l'amidon, avant de le faire cuire, pour faciliter le glissement du fer.

D'autres prétendaient posséder une poudre mystérieuse qui, non seulement facilitait le glissement du fer, mais avait la propriété d'empêcher le ramollissement du linge empesé. Je ne sais pas quel était le « secret » de la Marie, mais j'ai le souvenir que mes chemises d'enfant étaient bien empesées, presque trop.

La Marie utilisait deux sortes d'amidon, l'amidon de riz pour les chemises d'homme, l'amidon de blé pour les coiffes et les choses fines. Je suis allé plusieurs fois dans son atelier, elle repassait avec une minutie et une dextérité que je n'ai jamais retrouvées depuis. Elle prenait son fer sur le réchaud à charbon, l'essuyait rapidement sur un chiffon, l'essayait sur un papier qui roussissait, l'approchait de sa joue, élevant alors la main, elle l'agitait en l'air pour le refroidir et quand elle savait qu'il était à point, elle repassait... Et le linge bien blanc et lisse s'empilait sur sa table !

Les laveuses et la repasseuse ont disparu depuis longtemps, remplacées les unes par les machines à laver, l'autre par le fer électrique et le « pressing ». Mais leur souvenir demeure... Les machines à laver ne se vantent-elles pas de laver comme le faisait la Julie... pardon « la mère Denis » ! Et la radio et la télévision, pour que le fer à repasser glisse mieux, nous conseillent des produits qui sont peut-être le « secret » de la Marie ?

LE MARCHÉ, LA FOIRE, LE COMICE

Les marchés et même — au moins de nom — les foires existent toujours, mais ils ont perdu beaucoup de leur pittoresque et de leur physionomie familière d'autrefois.

De tout temps, il y a eu à Rougemont un marché hebdomadaire. Il se tient maintenant, et depuis longtemps, le vendredi, mais pendant plusieurs siècles il avait lieu le samedi. En dehors de ces marchés hebdomadaires, il y avait chaque année trois grandes foires publiques qui se tenaient à dates fixes. La première le 18 janvier, jour de la fête de la chaire de Saint-Pierre, la deuxième le 25 juillet, jour de la fête de Saint-Jacques et Saint-Christophe, la troisième, le 18 octobre, jour de la fête de Saint-Luc évangéliste.

A ces foires très importantes se trouvaient, disent les vieux textes : « marchands étrangers et de lointains pays en grande multitude ». Le seigneur profitait de cette affluence pour prélever des droits sur toutes les ventes de denrées et marchandises, droits exclusivement payés par les étrangers et dont étaient exonérés les habitants de Rougemont. C'est même à une de ces foires, qui étaient de véritables fêtes, qu'au XIIIe siècle Eudes de Rougemont démasqua et fit arrêter un joueur de vielle qui, pendant un temps, s'était fait passer pour Baudoin II empereur de Constantinople. Conduit à Lille, il y fut pendu en place publique.

Après la Révolution, une quatrième foire fut créée et en 1834, pour conserver à Rougemont son caractère séculaire de centre commercial, le conseil municipal demanda la création de huit foires nouvelles. Il faudra presque cinquante ans pour obtenir satisfaction et ce n'est qu'en 1880 que la commune obtint douze foires fixées au premier vendredi de chaque mois, jour de marché.

Le Conseil municipal attachait une telle importance au succès de ces foires, que par une délibération du 2 août 1880, il invitait le maire : « de faire toutes les diligences possibles près des marchands forains pour les engager à venir aux foires de Rougemont et pour leur témoigner de la reconnaissance, il l'autorisait à leur payer quelques dîners, et pour cette fin, il ouvre sur les fonds libres de la commune un crédit de 500 F. »

Il faut croire que cette politique des gueuletons a réussi puisqu'en 1907 le Conseil demandait et obtenait six foires nouvelles et six encore en 1911 qui se tinrent le troisième vendredi du mois.

Ce sont ces marchés et ces foires de mon enfance que je vais essayer de faire revivre en retrouvant mes impressions de gosse.

Le marché.

Le marché se tenait sur la grande place selon un rite qui variait peu. Les marchands étalaient leurs produits à la vue du public sur des étals portatifs ou fixes. Certains venaient à tous les marchés ils avaient alors, à demeure, un banc que le père Schlinger « le bouif » [1] qui amodiait le marché à l'année, installait le vendredi matin aux aurores. D'autres avaient un étal portatif qu'ils montaient eux-mêmes. Tous ces bancs forains étaient couverts de toiles rouge, verte ou bleue qui protégeaient à la fois les produits et les acheteurs de la pluie en hiver, du soleil en été. Les forains arrivaient de bon matin dans des espèces de roulottes traînées suivant le poids et le volume des marchandises, par un ou deux chevaux.

On vendait de tout sur le marché : des outils pour les cultivateurs et les vignerons, des ustensiles pour les ménages, des tissus pour le trousseau des filles, du linge, de la vaisselle, j'en passe. Il y avait aussi les gourmandises qui faisaient la joie des gosses : les *vouicottes* [2] de la mère Gain et surtout le stand de Racine avec ses boîtes de bonbons anglais, ses gâteaux, ses pains d'épice en forme de cœur ou d'animaux.

En général les commerçants de Rougemont dont les boutiques ont rassemblées autour de la place ne vendaient pas au marché.

---

1. Le père Schlinger était cordonnier, on l'appelait le « bouif ».
2. Vouicotte : petit pain au lait. Brioche.

Seuls les charcutiers avaient un banc : Mathey près de la maison Revilliard, Roy en face, près de l'escalier de la place. J'admirais leurs étalages de saucisses appétissantes, de lard fumé, de jambons et surtout les magnifiques blocs de saindoux qui trônaient sur d'immenses plats ronds, ressemblant à des ballons d'Alsace agrémentés de fioritures.

Les femmes de la campagne, vêtues de noir, un grand fichu sur les épaules, coiffées d'une *caule* [1] ou d'un chapeau s'installaient sous les tilleuls pour vendre les produits de la ferme : œufs, beurre, poulets, lapins, légumes et fruits de saison.

Dès le matin, de bonne heure, sur toutes les routes conduisant à Rougemont, c'était une caravane hétéroclite de calèches, de tilburys, de voitures à planches, de chariots divers ; de femmes à pied portant de lourds cabas ; de vieilles vaches résignées, de veaux et de génisses *encoulachés* d'une corde enserrant les cornes et le museau d'un nœud droit. Les vachers étaient généralement des enfants qui avaient mille maux de tenir les jeunes bêtes tantôt tirant au renard, tantôt *beusenant* et qu'il fallait alors ou tirer, ou pousser en les frappant à l'aide d'un fouet ou d'une trique. Parfois les vaches étaient attachées à la queue d'une voiture à planches, se laissant traîner ou trottinant le museau dans les planches.

Certains paysans avaient au chef-lieu de canton, un parent ou un ami chez qui ils garaient la voiture et le cheval. Les autres laissaient la voiture au bord de la route, sortaient le cheval des brancards, l'attachaient à un anneau de mur ou un piquet, et lui enlevait le mors pour lui permettre de manger tranquillement le picotin de foin qu'on avait apporté.

Dans le bourg, c'était alors la cohue. Les magasins regorgeaient de clients, sur le marché, les bancs des forains étaient envahis. Les femmes et les filles se précipitaient chez les marchands de tissus et après avoir fait leur choix, se faisaient mesurer des aulnes d'indienne pour corsages et jupons d'été et des mètres de drap pour le trousseau. Les paysans achetaient des outils divers : fourches, râteaux, faux qu'ils portaient fièrement sur l'épaule

1. Caule : bonnet blanc, fixé sous le cou par une tresse.

pour aller faire un tour de foire avant de les charger sur la voiture à planches.

Rangées sous les tilleuls, les paysannes étalaient les produits de leur ferme que venaient acheter les ménagères. On vendait les œufs frais treize à la douzaine, le beurre fermier agrémenté de dessins était présenté sur des feuilles de vigne ou des feuilles de choux, les poulets étaient attachés par deux par les pattes, les lapins dans des caisses à claire-voie étaient soulevés par la peau du cou. On soupesait, on *ravaudait* [1], on achetait. Les *coquetiers* étaient là qui raflaient au rabais tout ce qui n'avait pas été vendu aux particuliers. Les femmes, leurs produits vendus, achetaient des friandises pour les gosses, des *vouicottes* chez la mère Gain, des bonbons et des pains d'épice chez Racine.

Le marché de Pâques était un des plus importants : Pâques, c'est le printemps, le renouveau. Aussi on renouvelait tout : la garde robe, les outils, les ustensiles. Les marchés les plus importants étaient connus et attiraient plus de forains ; il y avait des vendeurs de drogues qui guérissaient toutes les maladies ; des *rebouteux* qui d'un coup de pouce réduisaient les entorses ; il y avait l'arracheur de dents qui d'un coup de clé vous retirait un *marteau* [2] douloureux. Mais il y avait surtout le « casseur d'assiettes ». C'est un souvenir d'enfant qui reste pour moi très précis, je vois sa tête, j'entends encore ses boniments. Il avait un stand plein de vaisselles au milieu de la place, il était grand, fort, des cheveux plantés droits, une voix nasillarde et tonitruante :

— Approchez, mesdames, approchez, voyez mes belles assiettes. Constatez qu'elles sont solides, et disant cela, il assénait, à plat, un coup d'assiette sur la tête de sa femme qui portait heureusement un chignon rebondi ; la femme souriait et l'homme continuait son boniment.

— Voilà une assiette qui vaut dix sous, j'en mets une, deux, trois, quatre, cinq, six — il alignait alors les six assiettes sur son bras et d'un coup de biceps les rassemblait sur sa main — les six pour trois francs. J'ajoute une assiette à dessert, deux, trois, quatre,

1. Ravauder : marchander.
2. Marteau : molaire.

cinq, six assiettes à dessert et c'est toujours trois francs et pour faire bon poids et bonne mesure, j'ajoute un grand plat et un petit plat et c'est encore trois francs.

— Qui prend le lot pour trois francs ? disait-il à l'intention des femmes agglutinées autour de son stand.

Les femmes médusées restaient muettes. L'homme simulant alors la grande colère, criait :

— Vous n'en voulez pas ? et jetait à terre son lot d'assiettes qui se brisaient dans un grand fracas de faïence cassée.

Il recommençait alors son boniment et cette fois à la question :

— qui prend le lot pour trois francs ? tous les doigts se levaient.

J'admirais alors la dextérité de l'homme et de la femme à servir les lots d'assiettes tout préparés et à encaisser les trois francs.

Après les assiettes, il passait à des lots de tasses, de bols, etc., avec toujours un premier lot brisé. A la fin de la matinée toute la vaisselle était vendue et il restait sur la place un énorme tas de faïence cassée.

Les maquignons arrivaient en tilburys. Souvent avant d'aller à la foire ou en rentrant de la foire, ils se rassemblaient au carrefour de l'avenue de la gare et de la grande rue, devant la fontaine. Il y avait là des figures connues et pittoresques : le gros Wicky un maquignon de Noroy, tout rond et rusé, Kakou un boiteux barbu qui arrivait dans une petite carriole traînée par deux chiens, Nevers un *brelu* un peu ivrogne, des paysans fiers comme Considère, sans oublier Lapinette, le castreur de Gondenans les Moulins, qui se promenait sur le marché et la foire en jouant d'une espèce d'harmonica à cinq notes. Ces figures pittoresques attisaient la verve des gosses qui les poursuivaient du marché à la foire en leur serinant cette rengaine de leur invention :

> Wicky, Kakou, Nevers
> qui s'en allaient à la guerre
> dans un champ de pommes de terre
> de monsieur Considère (*bis*)

La foire.

Le champ de foire était sur la route de Bonnal, juste à la sortie du village et par la rue du Pont à quelques centaines de mètres du marché. Les bêtes étaient attachées à une longue barre de fer portée par des poteaux de fonte. Souvent la barre ne suffisait pas et les bêtes étaient attachées aux grands platanes, bien alignés sur plusieurs rangs, qui ombrageaient le champ de foire.

Les bêtes, c'étaient des vaches, des veaux, des bœufs, quelques jeunes taureaux, des chevaux. Dans un coin il y avait aussi les petits cochons entassés dans leurs larges caisses. Ils étaient tout mignons, tout roses et poussaient sans arrêt des grognements aigus qui se transformaient en cris assourdissants quand les marchands, qui venaient de la Bresse ou du Charolais, les prenaient par une patte et par une oreille pour les remettre à un acheteur. La foire, c'était une cacophonie : aux grognements des cochons s'ajoutaient le beuglement des vaches, le hennissement des chevaux, les cris des hommes traitant leurs affaires.

La foire faisait la joie de nombreux enfants du canton, âgés de dix à douze ans qui étaient souvent requis pour conduire la vache à vendre. Le jeudi soir le père disait à son fils :

— *Bâti* [1] tu n'iras pas à l'école demain, c'est toi qui conduiras la *pomée* à la foire.

L'enfant était tout fier. Un fouet passé autour du cou, ça fait quand même plus homme qu'une courroie de cartable pour aller en classe ! Le gosse par n'importe quel temps faisait à pied, aller et retour une quinzaine de kilomètres, il se tenait pendant des heures à la tête de sa bête et se réjouissait de la voir mettre à l'encan, de la voir tâtée, *ravaudée*, vendue.

On partait de bonne heure pour avoir une bonne place. Sur le champ de foire, les bêtes étaient là, bien alignées, les chevaux piaffants, les vaches *beusenant* et autour défilaient les maquignons.

J'admirais la science professionnelle, la ruse, le savoir-faire des maquignons. Il fallait la sagesse méfiante des paysans comtois pour ne pas se faire rouler. Dans leur promenade préliminaire, ils

1. Bâti : diminutif de Baptiste.

regardaient les hommes autant que les bêtes pour essayer de les deviner. Savoir ce qui les pousse à vendre : besoin d'argent, manque de fourrage, vice caché ou apparent de la bête. Négligemment, ils posaient des questions, mais le paysan taciturne, méfiant restait silencieux ou répondait évasivement.

Ayant une première impression générale le maquignon engage une phase nouvelle. Quand une bête l'intéresse, il l'examine, la tâte, la regarde sur toutes les coutures : l'œil, la dent, l'entre-cornes, le pis qu'il tire, allonge, soulève, la veine de lait qui doit être bien visible, il pince la peau pour en mesurer la finesse et dans tous ses gestes il ne cesse pas d'observer le vendeur, d'étudier l'homme comme il étudie la bête.

Puis brusquement il interroge et une curieuse conversation s'engage :

— Combien ta *muriè* ?

— Une *muriè* comme çà n'a pas de prix !

— Allons ne te fâches pas. Combien en veux-tu ? Dis un chiffre ?

— Parle le premier.

— Non toi !

Après bien des tergiversations un chiffre est lancé par le paysan. Mine scandalisée du maquignon qui s'en va en disant :

— Si tu divisais par deux on pourrait commencer à discuter.

Le maquignon fait un tour, revient, s'arrête comme s'il passait là par hasard, regarde la bête.

— Elle t'intéresse hein ? dit le paysan.

— Pas à ton prix, répond le maquignon.

La conversation est renouée, l'un vantant sa marchandise, l'autre la décriant. Le ton monte attirant les badauds, des paysans qui s'intéressent à la conclusion de l'affaire. On s'injurie et chacun des deux antagonistes cherchent tour à tour des soutiens, des approbateurs dans ceux qui font cercle. Le paysan lâche un peu son prix, le maquignon augmente le sien, mais on est encore loin du compte. La discussion continue. Tout ce que le folklore des foires recèle de proverbes et d'histoires drôles y passent. On rit !

La bête ne semble plus en cause, ce sont deux hommes qui s'affrontent avec l'esprit d'à propos de l'un et la méfiance de l'autre et chaque fois l'un retire quelques sous et l'autre en ajoute.

On touche au but, la différence s'effrite, le ton devient plus calme, plus serein. Sur une nouvelle proposition du maquignon, le paysan lance :

— Coupons la poire en deux !

— Tope-là et cochon qui s'en dédit, s'écrie le maquignon en tendant sa large main dans laquelle le paysan tape sa poigne calleuse.

La vente se terminait par une embrassade qui effaçait toutes les injures que l'on venait d'échanger.

Le maquignon sortait ses ciseaux pour marquer la bête sur la queue et les badauds se dispersaient en faisant leurs réflexions à haute voix :

— Il est rusé le maquignon !

— La bête est à son prix.

Les deux compères réconciliés s'en allaient au café le plus proche boire le verre de l'amitié et régler les comptes.

La foire, c'était des dizaines de fois la répétition de la même scène.

Sur le coup de midi, tous les gens du marché et de la foire s'en allaient les uns vers une table amie, les autres emplissaient les cafés et les restaurants pour y boire et y manger et après de nombreuses libations, ils regagnaient leurs pénates.

Les marchés existent toujours, moins pittoresques qu'autrefois. Les foires sur le calendrier existent aussi, les premier et troisième vendredi de chaque mois, mais elles ne sont plus que de simples forums où se rencontrent paysans et maquignons pour échanger leurs impressions. Les foires ont cessé parce qu'elles ont perdu leur âme, L'âme de la foire ce sont les bêtes qu'on vend et qu'on achète. L'auto, les bétaillères et le téléphone ont tué la foire. Les maquignons demeurent, mais ils achètent à domicile, ils viennent directement dans les écuries. La foire constituait une concurrence que je regrette, je me demande si la suppression de cette concurrence n'a pas diminué la liberté du paysan ?

Le comice.

En abordant ce chapitre, l'idée m'est venue d'ouvrir le Petit
Larousse au mot *comice.* Voici ce que l'ai lu.

COMICES : n.m.pl. (lat. *comitium*). Assemblée du peuple romain,
pour élire des magistrats ou traiter des affaires publiques (On
distinguait les comices curiates, conturiates et tributes).

— N.m. Pendant la Révolution française, réunion des électeurs
pour nommer les membres des assemblées délibérantes. *Comice
agricole,* réunion formée par les propriétaires et les fermiers d'un
arrondissement pour améliorer les procédés agricoles.

Dans mon village on ignorait, bien sûr, les comices romains ;
quelques-uns peut être, par transmission orale, avaient entendu
parler des comices de la Révolution française mais tous connaissaient le comice agricole. Il existait depuis longtemps. J'ignore
si autrefois il s'étendait à plusieurs cantons et même à l'arrondissement, ce que je sais c'est que depuis 1877, il y avait le « Comice
agricole du canton de Rougemont ». Il avait été reconstitué par le
Marquis René de Moustier Conseiller général, puis député, et par le
docteur Guérin, Maire de Rougemont, le premier en était président,
le second vice-président.

Le comice avait pour but d'améliorer les procédés agricoles
et l'élevage et c'est pourquoi les vignerons et les cultivateurs du
canton y étaient très attachés. Mais il n'avait pas qu'un intérêt
agricole. Les vignerons et les cultivateurs constituaient alors la
masse électorale et comme le comice permettait d'avoir avec eux
des contacts directs et réguliers, il avait une grande importance
électorale.

Quoi qu'il en fut, le Comice qui se tenait chaque année un
dimanche du début de l'automne était toujours un événement,
c'était un peu la fête de l'agriculture. On s'y préparait toute l'année
sans d'ailleurs beaucoup varier le programme.

Au Comice, on « primait » tout : la plus belle vache, la plus
belle génisse, le plus beau veau, le plus beau taureau, le plus bel
étalon, le plus beau poulain, la plus belle truie, la plus belle brebis,
la plus belle vigne, le meilleur vin, les plus beaux fruits, les plus
belles betteraves, la plus grosse citrouille, les plus beaux épis, le

plus beau champ, le plus beau pré... J'arrête là mon énumération, mais elle pourrait continuer.

Pour « primer », il fallait un jury et même des jurys spécialisés. Pour les bêtes, par exemple, un jury passait dans les écuries pour procéder à une sélection, un autre visitait les vignes et les caves, un troisième les vergers, etc.

Le dimanche du Comice arrivait et c'était la procession des paysans en *biaude* bleue vers le chef-lieu de canton qui s'était fait une beauté. Rougemont était décoré de branchages, de guirlandes, de drapeaux, de bannières. Le Comice se tenait au champ de foire. A l'entrée était dressé un arc de triomphe de bienvenue élevé à la gloire de l'agriculture.

Les animaux sélectionnés, pour l'occasion, bien étrillés, attendaient le jury formé de messieurs graves portant, certains la redingote et le haut de forme, d'autres la belle *biaude* bleue des dimanches. Ceux qui avaient les blouses tâtaient les bêtes, les examinaient, faisaient des remarques que les autres, solennels, notaient avec précision.

On s'extasiait sur les étalons aux fesses rebondies, à la crinière bien coiffée, à la queue nattée. On les faisait courir d'un trot lourd sous les yeux admirateurs du jury. La foule endimanchée était là, qui suivait, attentive, toutes ces péripéties. De chaque côté d'une allée on avait dressé des bancs où étaient exposés les gerbes de blé, d'avoine, d'orge ; les légumes, les fruits, les fleurs. Dans des cages étaient la volaille et les lapins. Et le jury défilait, examinait, pesait, soupesait, notait, classait et la foule suivait, admirait, comparait.

Le « concours », comme on disait, durait de neuf heures à midi. A midi, musique locale en tête, on se rendait aux halles où était servi le traditionnel banquet. Toutes les personnalités étaient là : le député président du Comice, le maire de Rougemont, vice-président, les maires des trente communes du canton, les conseillers généraux des cantons voisins. Souvent le Préfet assistait au Comice. Ce n'était pas le préfet d'aujourd'hui avec sa casquette de général d'aviation et son uniforme chamarré d'or, le préfet d'alors avait le bicorne à plumes, les broderies d'argent et une écharpe tricolore. Du champ de foire aux halles par la rue du pont, la foule faisait une haie d'honneur à ce défilé triomphal.

Le banquet, comme tous les banquets de cette époque, était pantagruélique et copieusement arrosé. Au dessert le maire de Rougemont, le député président prenaient la parole pour féliciter les vignerons et les cultivateurs. Le préfet, avant de distribuer aux lauréats les récompenses et les diplômes, apportait, dans un discours éloquent, le salut du ministre de l'agriculture et assurait les paysans du canton de Rougemont de la sollicitude du gouvernement de la République. Et pour prouver cette sollicitude, il remettait le Mérite Agricole à deux ou trois cultivateurs qui s'étaient distingués et montrés bons républicains.

Le banquet s'achevait par des chansons et le retour au foyer était souvent plus long qu'à l'aller parce que plus zigzaguant !

Les Comices existent toujours mais, comme la vie, ils se sont mécanisés. Je les ignore pour conserver, intact, le souvenir des Comices agricoles de mon enfance.

LES CAMPS-VOLANTS

Les « camps-volants », c'étaient les bohémiens. On les appelait aussi les « romanichels » et par abréviation les « romanos ».

La Bohême, longtemps, je ne sais pourquoi, passa pour le pays des sorciers. Aussi croyait-on que tous les membres des tribus vagabondes étaient originaires de Bohême, d'où leur nom de bohémiens.

C'est aussi parce qu'ils étaient vagabonds et qu'ils s'installaient dans les villages en de véritables camps qu'on les appelait les « camps-volants ».

A Rougemont, ils arrivaient généralement dans deux roulottes d'un brun foncé, portant sur les côtés et derrière des fenêtres ornées de volets verts. Chacune de ces pataches était traînée par deux haridelles affreusement maigres qui allaient de leurs petits pas tranquilles, indifférentes aux coups de fouet et aux vociférations des conducteurs — sans doute les chefs de la tribu — confortablement installés sur leur siège. Un gros chien noir se jetait entre les jambes des chevaux et accompagnaient de ses abois les claquements de fouets et les jurons. Aux fenêtres apparaissaient des femmes et une multitude d'enfants malingres, malpropres, mal peignés, mais rieurs.

Les camps-volants avaient le droit de stationner à Rougemont, en haut du champ de foire et surtout sur la route de Cuse, à gauche après le pont, le long du mur du Breuil surmonté d'une barrière de fers ronds. Ils attachaient leurs chevaux aux barreaux de fer, avec de longues cordes afin qu'ils puissent paître l'herbe du bord de la route. A cette herbe s'ajoutait, de temps à autre, une botte de foin achetée chez un paysan. D'avoine, il n'était pas question, aussi les chevaux étaient si maigres et avaient les hanches si décharnées que les gosses du village disaient qu'elles servaient de « portemanteaux ».

Les Camps-Volants m'effrayaient. C'est par eux que j'ai connu mes premières terreurs d'enfant, une peur irraisonnée, une peur viscérale. Parfois, à la sortie de l'école, après quatre heures, et le jeudi, j'allais jouer au « hangar » dans une propriété de mon père, surtout à l'automne, au moment où les « botteleurs » avec leurs presses à balanciers que j'aimais voir fonctionner, faisaient de lourdes bottes de foin cerclées de fil de fer.

Pour m'y rendre, j'avais si peur que je passais à droite de la route, marchant doucement, m'arrêtant, puis repartant, sans quitter des yeux ces « romanichels » à la mine patibulaire qui me faisaient trembler. Dès que j'arrivais à leur hauteur, je courais alors de toute la vitesse de mes jambes pour les fuir. Il m'est arrivé, pour les éviter, tellement ma frayeur était grande, de faire un grand détour et d'aller au « hangar » par la rue des Juifs.

Je n'étais pas le seul à avoir peur des « camps-volants », tout le monde en avait peur et cette peur, au moins dans le voisinage du campement, enfermait les gens, des huit heures du soir, dans les maisons.

Pendant leur séjour, il y avait toujours des vols dont ils étaient accusés. Aujourd'hui, en y réfléchissant, je ne suis pas sûr qu'ils étaient les voleurs. Je pense que quelques « braves gens » profitaient de leur présence pour commettre des larcins profitables dans les jardins, les clapiers et les poulaillers du quartier.

Les « camps-volants » qui stationnaient à Rougemont étaient le plus souvent des vanniers, des chiffonniers, des « *pattiers* » comme on les appelle en Franche-Comté et des montreurs d'ours.

Les premiers dressaient leur atelier entre les deux roulottes ; ils confectionnaient avec habileté des corbeilles à linge, des corbeilles de cuisine, des corbeilles à bois, des paniers et des sièges divers.

Tout le monde travaillait. Dès le plus jeune âge les enfants étaient associés au travail de la communauté ; les plus petits coupaient les tiges d'osier à la longueur voulue et les distribuaient à tous les autres : jeunes, adultes et femmes qui tressaient l'osier en objets de toutes formes. Les enfants fourmillaient ; ils étaient pieds nus, dépenaillés, morveux, mais joyeux. Les nourrissons étaient accrochés au dos des mères qui avaient ainsi les mains libres pour travailler comme les hommes.

L'union faisant la force et la force supprimant la peur, nous venions en groupe — les gosses de Rougemont — les regarder travailler.

Nous admirions leur dextérité et la vitesse avec laquelle ils confectionnaient paniers et corbeilles. Ce qui nous frappait, c'est que leur misère évidente n'entamait pas leur joie de vivre.

Quand la production était suffisante, ils équipaient une roulotte de cordes auxquelles ils accrochaient les corbeilles, les paniers et les sièges ; ils harnachaient les deux meilleurs chevaux, leur passaient un collier de « *grillots* »[1] et s'en allaient, dans Rougemont, vendre leur fabrication.

Assis sur son siège le conducteur sonnait d'une espèce de trompe en criant : « Achetez les belles corbeilles...eilles, paniers...iers fauteuils...euils, chaises...aises ».

Des jeunes accompagnaient la roulotte portant des objets divers qu'ils proposaient aux habitants. Ceux-ci, en bons franc-comtois « *ravaudaient* »[2] bien sûr le plus possible et finalement achetaient ce qui leur était utile moins cher que dans les magasins du bourg.

Les jeunes bohémiens profitaient de ces contacts avec la population pour demander la charité, notamment de vieux vêtements tandis que les femmes, diseuses de bonne aventure, lisaient dans les lignes de la main, l'avenir des braves gens.

Les mêmes tournées s'effectuaient aussi dans les villages voisins.

Les chiffonniers et les montreurs d'ours arrivaient le plus souvent avec une seule roulotte.

Autour de la roulotte des « *pattiers* »[3] qui tirait en remorque une charrette à bras, étaient tendues des cordes sur lesquelles

1. Grillot : grelot.
2. Ravauder : marchander.
3. Pattier : chiffonnier.

séchaient les peaux de lapin retournées et bourrées de paille. Sous la patache pendait un filet rempli de sacs de « *pattes* »[1].

Les chiffonniers s'installaient sur la route de Cuse et avec la charrette à bras ils parcouraient Rougemont et les villages proches. Un son de trompe annonçait leur passage et au cri constamment répété de « peau de lapin... peau-au-au-au », les villageois accouraient apportant peaux de lapins et vieux chiffons.

On discutait les prix pour tirer le plus de sous possible. J'admirais la balance romaine qui servait à peser les chiffons et la rapidité avec laquelle le bohémien réalisait l'équilibre de son appareil qui donnait le poids de la marchandise.

Les chiffonniers vagabonds ont été les premiers à abandonner Rougemont. Un sédentaire, le père Cancy, s'installa en effet, route de Gouhelans et monopolisa le marché des peaux de lapins et des chiffons auquel il ajouta la vieille ferraille et les métaux non ferreux. Le métier devait être bon, car il réalisa assez vite une fortune suffisante pour installer ses enfants dans un bistrot florissant du centre de la ville.

J'aimais tout spécialement les montreurs d'ours. Ils arrivaient aussi avec une seule roulotte qui portait à l'arrière une grande cage où habitaient un gros ours blanc et un singe dressé qu'ils promenaient dans les villages.

Un des camps-volants battait la caisse aux divers carrefours de Rougemont et criait « Venez voir mesdames et messieurs, venez voir l'ours et le singe savants » et les badauds accouraient !

Le carrefour du vieux moulin était leur premier arrêt. Dès que j'entendais le coup de caisse et que de la maison je voyais l'ours, je demandais deux sous à ma mère et je dévalais la petite côte pour assister au spectacle. Le montreur d'ours tenait sa bête attachée à une longue corde enroulée dans sa main, le singe était perché sur son épaule et regardait d'un air hilare. L'ours marchait pesamment, suivant son maître.

L'homme alors s'arrêtait, les badauds faisaient cercle, de la voix et de la corde le montreur faisait s'asseoir l'ours qui saluait, les pattes avant croisées. Un jeune camp-volant s'aidant d'un

1. Pattes : chiffons.

144

tambourin jouait et chantait un tam-tam et l'ours, pataud, entamait un pas de danse, tandis que le singe sautant de l'épaule de son maître effectuait autour de l'ours des sauts périlleux répétés.

La danse terminée, l'ours s'asseyait, le singe sautait sur ses épaules et tous deux saluaient le public.

J'étais émerveillé et pourtant ce n'était pas le clou du spectacle.

Contre le mur du jardin du Vieux Moulin, il y avait un poteau du téléphone, le clou consistait à faire monter l'ours au poteau.

« Vous allez voir Mesdames et Messieurs... » annonçait l'homme avec une certaine fierté.

L'ours s'agrippait au poteau, puis renâclait, grognait, mais le montreur l'excitant de la voix et de la corde, l'ours, doucement, lourdement, montait de quelques mètres, alors que le singe plus agile, montait allègrement, tournait autour du poteau, s'installait sur les épaules de l'ours et de là-haut à nouveau saluait la foule qui applaudissait.

Pendant le spectacle, des enfants, pieds nus tendaient une sébile aux spectateurs : « A vot' bon cœur Msieu-dames »... et les pièces de deux sous et parfois même de cinq sous tombaient dans la sébile.

* * *

Un médecin, pas comme les autres, était devenu l'ami des camps-volants.

En ce temps-là, vers les années 1898-1900, il y avait à Rougemont un médecin célèbre, le docteur Grenier.

Converti à l'islamisme en 1894, on l'a vu, il avait été élu député de Pontarlier en 1896.

Battu aux élections de 1898, il vint s'installer à Cuse puis à Rougemont, parcourant les villages sur son cheval arabe baptisé « Saïd » qui faisait la joie des populations.

Il était bon et ne faisait pas payer les pauvres. Un jour, passant à cheval sur la route de Cuse, il voit autour de deux roulottes les camps-volants, aux cheveux noirs, aux yeux noirs, au teint basané, mal vêtus et autour d'eux des enfants maigres, souffreteux, pieds nus.

Devant cette misère, le docteur Grenier s'arrête, attache « Saïd » aux barreaux du mur et questionne les bohémiens.

D'abord étonnés et inquiets devant cet homme d'un autre monde, vêtu d'un costume inhabituel, ils s'apprivoisent et répondent à ses questions.

Alors il les examine, les conseille, rédige des ordonnances dont il paiera le montant au pharmacien, leur laisse même un peu d'argent.

Pour panser les plaies de la tribu, il découpera les nappes et les serviettes des Tanchard de Cuse, ses parents, chez qui il habite alors. Un jour même, il enlèvera le rôti de la famille pour l'apporter aux bohémiens.

Pendant les deux ans qu'il passera à Rougemont, il soignera ainsi les camps-volants de passage avec le même dévouement, et continuera plus tard à Pontarlier.

* * *

Depuis longtemps, les camps-volants ne s'arrêtent plus à Rougemont. Les chiffonniers et montreurs d'ours ont disparu les premiers et un peu plus tard, entre les deux guerres, les vanniers.

S'il en existe encore, ils campent maintenant dans des lieux spéciaux et réglementés et ils se sont modernisés : ils voyagent dans des caravanes tirées par de belles voitures.

Les camps-volants de mon enfance ne sont plus qu'un souvenir.

LES ENFANTS, LES JEUNES, LES CONSCRITS

LES CONSCRITS

Jeux et traditions

NOS JEUX D'ENFANTS

J'ai lu, je ne sais où, que les jeux d'enfants étaient copiés des jeux d'adultes. C'est sans doute vrai pour certains, mais pas pour tous les jeux qui étaient les nôtres il y a près de soixante-dix ans et qui sont aujourd'hui complètement oubliés. Ces jeux nous les pratiquions dans tous les quartiers de Rougemont, mais surtout sur la place où, le jeudi et pendant les vacances, se rassemblaient les gosses du pays. La place avec ses tilleuls et sa grande plate-forme constituait un remarquable plateau de jeux.

Je ne décrirai ici que nos jeux comtois, ou ceux qui nous paraissaient tels, parce qu'ils se pratiquaient, au détail près, dans tous les villages voisins. Ces jeux étaient-ils particuliers à notre province ? C'est peu probable, mais ils étaient différents de ceux qui se jouaient alors partout et auxquels nous jouions nous-mêmes en récréation comme « les barres », « la balle au chasseur », « les quatre coins », « la cachette », etc.

Parmi les jeux de partout, je ne retiendrai que « les billes » et encore parce que nous avions des « coups » bien à nous et un langage particulier.

Je dois au lecteur quelques explications préalables. Dans tous les jeux qui vont être décrits, les enfants jouaient dans un ordre donné, pour déterminer cet ordre, on « *butait* ». On traçait par exemple une raie qui était le « but ». On se plaçait à quelques mètres et avec un objet généralement utilisé dans le jeu on visait le but. Le plus près jouait le premier et ainsi de suite jusqu'au plus éloigné qui jouait le dernier. Dans certains jeux, il y en a un « qui y est » ou « *qui s'y colle* », c'est, quand on bute, souvent le dernier ; on le désignait aussi en utilisant des formules de jeu appelées *comptines*.

Ces *comptines* permettent à chaque tour d'éliminer un joueur, c'est le dernier qui reste qui *s'y colle.*

Je me souviens d'une comptine avec « *un gros mot* » qui avait la préférence des garçons : « bol-dog - diguedig - tempett - tanchô - la raie - du cul breuyi - breuyoche - troc. » On empruntait aussi des comptines aux filles, celles-là étaient beaucoup plus correctes. Je me souviens de trois d'entre elles :

> Am-stram-gram
> pique-pique et colégram
> boum et boum et ratatam
> moustach-gram.

Les deux autres étaient encore plus connues :

> 1, 2, 3 nous irrons au bois
> 4, 5, 6 cueillir des cerises
> 7, 8, 9 dans un panier neuf
> 10, 11, 12 elles seront toutes rouges.

et :

> une-poule-sur-un-mur
> qui-picote-du-pain-dur etc.

Parfois nos jeux se disputaient en deux camps, pour désigner celui qui « *s'y collait* » on tirait alors à la courte paille, ou on le désignait à *la semelle.* Deux joueurs se mettaient alors à une certaine distance et marchaient l'un vers l'autre en joignant le talon gauche à la pointe du pied droit et réciproquement, celui sur qui on posait le bout du pied *y était.*

A cette époque ni les jeux, ni les écoles n'étaient mixtes. Les jeux qui vont être décrits sont donc essentiellement des jeux de garçons. J'ai peu de souvenir des jeux de filles. Leurs jeux, me semble-t-il étaient des jeux de corde et la marelle.

Pour douze ou quinze sous, les filles pouvaient alors acheter une « *corde qu'on danse* » avec deux poignées de bois. Elles avaient mille manières de sauter et de danser à la corde et mille formules accompagnaient ces jeux. Je me souviens de celle-ci pour l'avoir pratiquée :

Marie-Madeleine – à la fontaine – se lave les mains – se les essuie – fait sa prière – et saute en l'air – le moulinet. Il fallait bien sûr, en sautant et sans toucher à la corde, faire tous les gestes qu'impliquait la complainte.

Mais laissons les filles à leur corde et à leur marelle, et venons à nos jeux de garçons.

Les billes.

On jouait aux billes avec le pouce ou à la main. Dans le premier cas, la bille était lancée par le pouce replié à la deuxième phalange. C'est la détente du pouce qui doit projeter la bille sans aucun mouvement de la main ou du bras. La main doit reposer sur le sol ou s'appuyer sur la main gauche posée à plat sur le sol. On jouait au pouce avec une bille normale, quand on jouait à la main c'était généralement avec une bille plus grosse : un boulet.

1) *Le carré.* On jouait au carré à deux ou à plusieurs. Les billes de l'enjeu étaient placées aux angles ou, si besoin est, sur les diagonales d'un carré dessiné sur le sol. On bute. Le premier essaie de faire sortir les billes du carré. Les billes qui sortent sont au joueur qui les a fait sortir. Si la bille d'un joueur reste dans le carré il est mort, il doit remettre dans le carré toutes les billes qu'il a fait sortir et au tour suivant, il peut rentrer en jeu avec une nouvelle mise. Si la bille d'un joueur est frappée par celle d'un adversaire, ce joueur est *tué.* Il doit remettre toutes les billes gagnées à son vainqueur et il est « hors jeu ». Le jeu s'arrête quand il n'y a plus de billes dans le carré ou quand un joueur a tué tous ses adversaires.

2) *Les billes en ligne.* Les billes de l'enjeu sont disposées suivant une ligne perpendiculaire à un mur, la dernière bille étant environ à deux mètres du mur. Une ligne dite *ligne de crevaison* peut remplacer le mur. Depuis la ligne de but chacun des joueurs essaie de toucher et de sortir de la ligne une des billes, en jouant assez fort pour que sa bille ou son boulet touche le mur ou dépasse la ligne de crevaison, sans quoi il est « crevé » (hors jeu). Celui qui sort une bille ramasse toutes celles qui se trouvent en deçà. S'il attrape la première, il ramasse toutes les billes. Les autres joueurs, depuis le but, essaient alors de piquer sa bille, celui qui réussit gagne toutes les billes. Quand tout le monde a joué, s'il reste des billes, on joue depuis l'endroit où est la bille, le premier étant le plus éloigné du but.

3) *Au trou ou au pot.* Les joueurs creusent dans le sol un trou, ou pot. L'enjeu est variable suivant le nombre de joueurs, il peut aller jusqu'à dix billes quand on joue à deux. On bute. Le premier prend toutes les billes dans sa main et depuis le but les lance dans le trou. Les billes qui restent dans le trou sont pour lui. Le second joueur, avec ce qui reste, joue de la même façon et ainsi de suite jusqu'à.ce que toutes les billes de l'enjeu soient gagnées. C'est sans doute le jeu où l'on gagne — ou perd — le plus de billes.

4) *La chasse ou la poursuite.* On peut jouer à plusieurs, mais c'est généralement un jeu qui se joue à deux. Le premier lance son boulet où il veut. L'autre cherche à le toucher, à le *piquer* comme on disait. Tout *piqué* devait une bille au *piqueur*, qui avait droit de rejouer. Quand les boulets étaient près l'un de l'autre, le joueur devait jouer, sans se baisser. Le jeu continuait jusqu'à l'épuisement des joueurs ou de leur provision de billes.

Termes de jeu de billes.

On jouait, on l'a vu, avec le pouce. Mais des gosses maladroits, au lieu de lancer la bille avec la première phalange, la lançaient avec l'ongle, on se moquait d'eux en disant : « *il fait cul de poule* ».

Quand on jouait au pouce, on devait tenir la main au sol ou sur la main gauche posée à plat sur le sol. En raison d'un obstacle quelconque parfois on avait besoin d'avoir la main plus haut. Pour y être autorisé, le joueur devait dire : *postiche*. Il levait alors la jambe droite et la main bien appuyée sur le genou, il visait son adversaire. On appelait cela « *plomber* ». Mais l'adversaire pouvait prévoir la demande du joueur, il criait alors : *sans postiche*, et le joueur devait rester la main au sol.

Quand il y avait sur la trajectoire d'un joueur des obstacles divers : pierres, bois, etc., ce joueur pouvait les enlever en disant : *fi*. A moins, qu'au préalable son adversaire n'ait dit : *touri*.

Pour avoir plus de « *vise* », c'est-à-dire se mettre en meilleure position de tir, on pouvait se déplacer, de part et d'autre du but, selon une ligne parallèle à l'aire de jeu à condition d'avoir dit : *patte-ligne*, ce que l'adversaire évitait en disant avant lui : *sans patte - sans ligne*.

Il y avait sans doute beaucoup d'autres expressions drôles, mais je m'en excuse auprès du lecteur, je les ai oubliées.

Les sous.

C'était des jeux qui avaient court les lendemains de fête ou quand on avait fait des commissions. On jouait aux sous de deux façons : *à la tourne* ou *à la galine*.

1) *La tourne.* C'était un jeu imité des adultes, ils y jouaient le dimanche avec des *gros sous* (deux sous : dix centimes) ? Il y avait souvent de gros jeux parce qu'eux, « *ils remettaient* ». Les enfants étaient plus modestes, ils jouaient avec des petits sous (un sou : cinq centimes) et par partie ils ne pouvaient jouer qu'un sou.

Sur le sol, on traçait une ligne d'un mètre environ, limitée par deux traits perpendiculaires. Un but, généralement une pierre était placé à trois ou quatre mètres de la ligne. Pour déterminer l'ordre des joueurs on faisait un « *coup pour rien* ». Celui dont le sou était le plus près de la ligne commençait cette fois « *pour de bon* ». Celui qui arrive le plus près de la ligne ramasse les sous, les aligne sur sa main droite et les lance en l'air en tournant la main. Les pièces retombées, on vérifie : pile ou face ? On disait alors « *tête ou fleur* ». Toutes les têtes sont pour le premier joueur. Le deuxième joueur lance ce qui reste, prend aussi les têtes et ainsi de suite. Le dernier joueur ramasse ce qui reste — s'il en reste — sans tourner.

2) *La galine.* C'est le nom donné au bouchon ou au morceau de bois cylindrique dont on se sert pour jouer. Le jeu se joue avec deux palets. On place les sous sur la galine et l'on bute. Le but est à six ou huit mètres de la galine. Le premier joueur avec ses palets essaie de renverser la galine, dans ce cas il gagne les pièces qui se trouvent plus près du palet que de la galine. Il arrive que la galine tombe, tout près des sous, le jeu consiste alors à expédier la galine au loin et à placer un palet près des sous.

Le coup s'achève quand tous les sous sont gagnés [1].

1. On joue aussi à la galine avec des billes qu'on place derrière la galine.

Le quinet.

Le quinet était un morceau de bois, généralement rond de quinze à dix-huit centimètres de longueur, taillé en pointe aux deux bouts. Parfois on prenait pour le quinet un morceau de bois carré taillé dans une «*latte de Courtot* [1]» ce qui augmentait sa stabilité et l'empêchait de rouler.

D'un rond de deux mètres de diamètre environ, un joueur, avec un bâton de quarante à cinquante centimètres, lançait le quinet le plus loin possible. Si le chasseur attrapait le quinet au vol, il prenait dans le rond, la place du lanceur, sinon il devait, de l'endroit où était tombé le quinet, essayer de le placer dans le rond bien défendu on s'en doute. S'il n'y réussissait pas, le joueur du rond, en tapant sur une des pointes soulevait le quinet et avec son bâton l'éloignait le plus possible du rond. Il répétait cette opération trois fois. On comptait alors la distance du quinet au rond en nombre de bâtons, la longueur de celui-ci servant en effet d'unité de mesure.

On jouait, par exemple, en cinq cents bâtons, c'est celui qui atteignait le premier ce nombre qui avait gagné [2].

La paume au trou.

La paume était faite d'un noyau dur, généralement du bois, entouré de *pattes* [3] et de ficelles solidement nouées. On creusait, perpendiculairement à un tilleul de la place, une rangée de trous — autant que de joueurs — qu'on disposait dans un couloir fait de morceaux de bois ou de pierres. Un trou était attribué à chaque joueur par l'un d'eux qui s'appuyait, les yeux sur son bras, contre un tilleul et qu'on interrogeait : pour qui ? en plaçant la paume dans un trou quelconque.

1. Courtot était le propriétaire de la scierie de Rougemont.
2. Au cours d'un voyage aux Indes en février 1975, j'ai visité Bénarès la grande ville sainte des Hindous. Elle est aussi une ville sainte des Bouddhistes. C'est en effet dans ses environs immédiats à Sarnath que Bouddha prêcha son premier sermon dont une partie reste à jamais gravée dans la pierre. Dans le parc qui entoure les restes du temple bouddhiste qui perpétue ce souvenir, j'ai vu en 1975, des petits Indiens jouer au quinet, très exactement de la même façon que nous, sur la place de Rougemont en 1910.
3. Pattes : chiffons.

Quand chaque trou était attribué, on butait et le jeu commençait.

Il fallait essayer de mettre la paume dans un trou. Celui qui manquait son coup trois fois avait droit à un gage et perdait son tour. Le propriétaire du trou où s'arrêtait la balle devait s'en saisir et la lancer sur un des autres joueurs qui fuyaient. S'il le manquait, il avait un gage, s'il le touchait c'était ce joueur qui avait un gage. Celui qui, le premier, avait cinq gages se mettait le nez contre un arbre et les autres, d'une dizaine de mètres, lui lançaient la paume trois fois. Sans complaisance croyez-moi.

La trousse.

La trousse était une grosse quille en bois. Les joueurs, en nombre non limité, se procuraient des pierres allongées, qu'ils choisissaient à leur gré de façon à « ce qu'ils l'aient bien en main ».

L'emplacement de la trousse étant fixé, on traçait à huit ou dix mètres une ligne parallèle qui était le but. Pour buter les joueurs se plaçaient près de la trousse et lançaient leurs pierres le plus près possible du but. Le joueur dont la pierre était la plus près jouait le premier et ainsi de suite. Celui dont la pierre était la plus éloignée était le gardien de la trousse.

La trousse étant debout, chaque joueur à tour de rôle, avec sa pierre, essaie de la renverser. Tant que celle-ci est debout, son gardien empêche les joueurs de reprendre leur pierre. S'il touche l'un d'eux celui-ci prend la place du gardien. Quand la trousse est renversée le gardien doit la relever et tous les joueurs se précipitent pour reprendre leur pierre et regagner la ligne de but derrière laquelle ils ne sont plus vulnérables.

C'est un jeu simple et amusant qui demande à la fois force, adresse et agilité.

La gane.

La gane, c'est un peu l'ancêtre du golf ? On y joue avec une crosse et une balle de la grosseur d'une balle de tennis qui était soit une paume comme celle décrite dans un jeu précédent, soit une boule de bois façonnée au couteau.

Un trou circulaire de vingt centimètres de diamètre et douze de profondeur était creusé dans le sol. Chaque joueur était muni d'une crosse qui n'était qu'un bâton rectiligne ayant à l'une de ses extrêmités un renflement, une partie recourbée. Les meilleures crosses étaient en noisetier, le renflement de la base de la crosse faisait partie de la racine. A l'automne ou en hiver, les gosses parcouraient le bois de Montaucivey pour découvrir et arracher une belle crosse.

La gane pouvait se jouer à deux ou à plusieurs mais généralement pas plus de quatre ou cinq. Une ligne était tracée à huit mètres environ du trou, de cette ligne les joueurs lançaient leurs crosses en direction du trou. Le joueur dont la crosse était la plus près du trou commençait à jouer, celui dont la crosse était la plus éloignée était gardien du trou. Il se plaçait environ à un mètre du trou et son rôle, aidé de sa crosse, était d'empêcher la balle de tomber dans le trou.

Le premier joueur, depuis le but, visait le trou ou cherchait à s'en approcher. Le deuxième joueur de l'endroit où était la balle continuait. Ce n'était pas facile de mettre la balle dans le trou car le défenseur excellait à la renvoyer loin. Parfois il arrivait que la balle était si près du trou qu'on croyait pouvoir gagner. Le gardien, en trichant un peu, faisait alors « *la raclette* ». Il passait avec rapidité le bout de sa crosse sur l'orifice ce qui gênait le joueur si près de gagner.

Le jeu avait une durée limitée : dix minutes ou un quart d'heure. Si la balle était placée dans le trou, le défenseur continuait pour la même durée, mais si pendant la durée fixée la balle n'entrait pas dans le trou, le gardien était remplacé par un autre joueur.

Le cheval fort.

Ce jeu se jouait avec deux équipes de cinq à six joueurs qui étaient répartis de façon que les forces physiques s'équilibrent. On tirait à *la semelle* ou à la courte paille l'équipe qui *s'y collait*. Le premier de cette équipe s'arc-boutait contre un camarade non joueur, le dos appuyé à un mur ou à un arbre. Le second s'arcboutait contre le premier en le tenant à la ceinture et ainsi de suite. Les cinq ou six joueurs, les dos horizontaux ressemblaient ainsi à un long cheval à pattes multiples.

Les joueurs de l'autre équipe s'élançant devaient sauter sur ce « cheval fort » et s'y tenir tous. Si un seul cavalier tombait on ne trouvait pas place sur le cheval, l'équipe des cavaliers devenait le cheval. Si, sous la charge le cheval s'effondrait, il se relevait et continuait à être le cheval.

Ce jeu était difficile et dangereux. N'ayant jamais aimé porter de lourdes charges sur le dos, je n'y jouais pas souvent. Je préférais regarder... et critiquer.

LES JEUX DE BERGERS

Les jeux des gosses de Rougemont étaient saisonniers. Le printemps et l'été étaient l'époque des jeux classiques qui viennent d'être décrits, l'hiver était l'époque des jeux de neige et l'automne celle des jeux de bergers.

La commune avait des terrains qu'on appelait les « communaux » et pendant longtemps, elle posséda sur une grande partie du territoire, la jouissance des seconds fruits de la prairie, c'est-à-dire des regains. Ces regains étaient loués aux habitants, par enchères publiques, au plus offrant. Mais chaque année un certain nombre de prés n'étaient pas mis en adjudication et étaient laissés à la population pour le pâturage du bétail, c'est ce qu'on appelait la vaine pâture. Il était fréquent aussi, que les regains faits, les propriétaires laissent paître librement sur leurs terrains.

En ce temps-là, il n'y avait pas encore — ou très peu — de pâturages clos, aussi dès le début de septembre les cultivateurs et les vignerons menaient leurs vaches aux prés. Comme il n'y avait plus de « berger communal », c'était le gosse qui était chargé de cette besogne. Certains qui n'avaient pas d'enfants en prenait un « à maître ». On embauchait un gosse « au pair » et c'est lui qui était chargé de conduire les vaches. C'était un emploi très recherché car la période des jeux de bergers était une période bénie.

Les gosses, pour conduire les vaches aux champs, se groupaient par quartier sur des territoires qui étaient le plus souvent : les Sèves, la Chaux et les Cuisottes.

Les vaches étaient alors mélangées, certaines, les plus belles, portaient au cou une cloche qui tintait gaiement. Les espaces choisis étaient assez grands pour faciliter la surveillance et si une

159

bête s'écartait du troupeau, par rotation et selon un ordre établi spontanément, un berger « *la rattroupait* ».

Je n'allais pas « à maître », et nous n'avions pas de vaches, mais certains jours mes parents m'autorisaient à me joindre aux bergers de la Chaux et à partager leurs responsabilités et leurs jeux.

Dès le début de l'après-midi, ma pèlerine sur les épaules, j'emportais dans un sac mes « quatre heures » et quelques pommes de terre crues et, chaussé de sabots, je partais... C'était pour moi une fête.

Le feu.

La première occupation était le feu. Le plus grand plaisir des bergers est de faire un bon feu, autour duquel ils se réchauffent et jouent, et dans lequel ils font cuire de délicieuses pommes de terre en robe des champs. Les uns partaient alors chercher de l'herbe et du bois secs, les autres des grosses pierres. On dressait ces pierres verticalement, entre on plaçait l'herbe et dessus du bois. Souvent, l'herbe et le bois sec étaient humides et on éprouvait des difficultés pour allumer. Pendant qu'un soufflait de toute la force de ses poumons sur l'herbe fumante, les autres chantaient :

— « Claire, claire mon petit feu, pour chauffer les pieds de Dieu, quand les pieds de Dieu seront chauffés, mon petit feu sera allumé. »

Il fallait attendre un peu pour avoir de la braise et faire cuire les pommes de terre, mais tout de suite, près du feu les jeux commençaient.

Les jeux de bergers sont, pour deux raisons, très différents des jeux classiques. D'abord on est berger et un berger a la responsabilité de ses vaches. Même si le territoire choisi se prêtait à une surveillance facile, il fallait rester assez groupés pour assurer dans les meilleures conditions la garde des vaches qui nous étaient confiées. La deuxième raison tenait au lieu, on ne peut pas jouer sur les prés comme on joue sur la place.

L'instrument essentiel des jeux de bergers c'est le couteau. Tous les bergers ont un couteau, il est souvent à cran d'arrêt et ce couteau directement ou indirectement participe à tous les jeux.

160

Le pique-bâton ou pique-pieu.

Les bergers pour garder les vaches avaient des bâtons. Chaque berger se taillait un bâton de quarante à soixante centimètres de long et avec son couteau, à un bout, il faisait une pointe aussi effilée que possible. Chacun des joueurs lançait alors son bâton au sol en essayant de le ficher le plus solidement possible dans la terre. Le jeu consiste avec son bâton à déplanter celui du voisin. Le premier reprend donc son pieu et le plante de nouveau, mais cette fois à côté du bâton qu'il croit le moins solide, de façon à le faire tomber. S'il réussit, il le lance le plus loin possible avec son bâton. Il doit alors frapper trois fois le sol avec son pieu avant que l'autre n'ait eu le temps d'attraper le sien et de frapper un coup. Dans ce cas, celui-ci est éliminé. Si le bâton qui a été envoyé retombe piqué en terre et que le lanceur n'ait pas terminé les trois coups, c'est à celui qui a son bâton planté en terre de renvoyer promener l'autre.

Le vainqueur est celui qui résiste le dernier.

La carotte ou la cheville.

Les bergers avec un couteau, taillaient en pointe un morceau de bois d'une dizaine de centimètres de longueur. Ce morceau de bois s'appelait la carotte ou la cheville. Un berger cachait la carotte pendant qu'un autre qui avait le dos tourné devait la chercher. La recherche durait un temps déterminé.

Quand le chercheur était loin de la carotte les bergers disaient : tu gèles. Quand il s'en rapprochait : tu brûles. Si dans le temps fixé le chercheur ne trouvait pas ou « s'il donnait sa langue au chat », il avait un gage. Si au contraire, dans le temps fixé il trouvait la carotte, c'était celui qui l'avait cachée qui avait le gage.

Le gage consistait, comme on disait, « à bouffer la carotte ». Sur la carotte piquée dans l'herbe, chaque berger donnait un coup de bâton le plus fort possible pour l'enfoncer profondément dans la terre. La plupart du temps, elle disparaissait complètement. Celui qui avait un gage devait alors l'arracher avec les dents. Il se mettait à genoux, « mains dans le dos » criaient les bergers, et la face contre terre, cherchant à prendre la carotte avec les dents la victime commençait. Je vous assure que ce n'était pas facile, si la victime à la vérité ne « bouffait pas la carotte », je puis vous dire qu'elle « bouffait » beaucoup de terre.

Le couteau.

Ce jeu d'adresse était le jeu préféré des bergers.

Les bergers, près du feu, sont assis en rond autour d'un cercle d'un mètre de diamètre environ. A tour de rôle, chaque berger doit planter son couteau dans le cercle en le lançant :

— par le manche,
— tenu par la pointe,
— à plat sur la main,
— à plat sur le dos de la main,
— à plat sur la main en retournant la main,
— à plat sur le dos de la main en retournant la main,
— la pointe du couteau posée successivement au bout de chacun des cinq doigts de la main gauche en retournant le couteau.

Les bergers se mettaient à genoux, le couteau pris à pleine main par le manche et en comptant : un, deux, trois, quatre, cinq, six, sept, ils devaient ficher sept fois de suite le couteau dans la terre. La même opération se répétait, les bergers étant debout.

Tout cela, si je puis dire, était les figures imposées à tous. Chaque berger devait encore effectuer deux « coups » de son choix.

J'ai oublié certains de ces coups particuliers, je me souviens cependant de quelques-uns :

La fourchette. Le berger, à genoux ou debout, devait saisir le couteau entre l'index et le petit doigt, les deux doigts du milieu étant repliés, et le ficher en terre.

Le mur. Le berger debout, le couteau glissant sur la face externe de la main, tendue verticalement soit contre le front, soit contre la poitrine doit se piquer en terre.

Le puits. Le berger debout, le couteau glissant sur la face interne de la main, tenue verticalement à la hauteur du visage ou de la poitrine doit se planter en terre.

La lunette. Le berger debout, le pouce et l'index de la main gauche faisant un cercle placé à la hauteur du visage ou de la poitrine, de la main droite on lâche le couteau dans ce trou, il doit se planter dans le sol.

L'horloge. C'était le coup le plus difficile. On ouvrait le cercle, il fallait lancer le couteau le plus loin possible en le tenant par la pointe et en le faisant tourner, il devait arriver la pointe en terre.

Celui qui ne pouvait pas aller jusqu'au bout avait un gage. Le gage consistait à « bouffer la carotte » ou à « passer à la savate ». Les bergers se plaçaient alors sur deux rangs armés de leurs mouchoirs noués et souvent mouillés. La victime devait passer et repasser entre les deux rangs en recevant une pluie de coups. Quoique ce soit défendu, elle se protégeait avec ses bras.

Dans ce jeu du couteau on cherchait toujours à inventer de nouveaux coups. Il arrivait parfois qu'au lieu de piquer le sol, on piquait le voisin mais ce n'était jamais grave.

Garibaldeau.

Le couteau servait encore à un autre jeu. Les bergers toujours assis en rond, chaque joueur dit :

— Garibaldeau...eau...eau...eau et découpe le plus de terre possible avec son couteau jusqu'à ce qu'il soit à bout de souffle. Le gagnant est celui qui réussit à faire le plus gros trou, le perdant qui a fait le plus petit trou doit « bouffer la carotte » ou « passer à la savate ». Dans ce dernier cas on lui mettait souvent dans la bouche, tenue par l'herbe, la plus grosse motte de terre qui avait été découpée.

Je n'ai jamais su pourquoi, à Rougemont, pour ce jeu, on disait « garibaldeau » ? Peut-être en souvenir de Garibaldi ? L'important d'ailleurs était la finale : eau au o qui permettait le plus long souffle et que l'on retrouvait dans presque tous les villages.

Les quatre heures.

Vers quatre heures on arrêtait les jeux et sans rompre le cercle on faisait « les quatre heures ». C'était la détente. Chacun mangeait son goûter, on faisait aussi des échanges. Le plus souvent le goûter c'était du pain et du fromage. Les gosses mangeaient alors comme les adultes, avec leur couteau ils coupaient une tranche de pain et de fromage et tenant le fromage sur le pain avec le pouce, portaient le tout à la bouche. Ce goûter comportait un appoint important : les *patates*. On les sortait du feu en se brûlant les doigts. Souvent, dans la passion du jeu on les avait oubliées et l'extérieur était trop grillé, parfois même calciné, mais qu'importe. J'adorais d'ailleurs ce grillé qui craquait sous la dent et qui me brûlait la langue.

Vers cinq heures, il fallait rentrer pour la traite du soir. Chacun *rattroupait* ses vaches et regagnait la maison heureux de sa journée.

Les jeux de bergers, le feu de bois sont pour moi de bons souvenirs, et ces « patates » trop grillées, je les savoure encore !

LES JEUX D'HIVER

J'ignore si, comme le disent les gens de chez nous « le temps s'est réchauffé ». Ce qui est sûr c'est que, dans mon enfance, il n'y avait pas d'hiver sans neige. Elle durait parfois des semaines et nous offrait toutes sortes de jeux particuliers.

Certains matins on se réveillait avec, à perte de vue, Rougemont, ses côteaux, ses prés, ses bois, tout blancs. D'autres fois, pendant la classe, on voyait tomber les premiers flocons, voletant devant les vitres. On attendait alors avec impatience la récréation pour organiser la première bataille rangée à coup de boules de neige. C'était d'ailleurs la seule que le « père Bernardin » tolérait, parce qu'elle était la première et que la neige encore molle, n'était pas dangereuse. Quelques-uns préféraient les glissades et immédiatement en organisaient une ou deux dans la cour de récréation.

A la sortie de la classe, la bataille reprenait avec des boules plus serrées et une stratégie plus organisée.

Ce soir-là, les devoirs étaient vite bâclés, car la neige étant fraîche, c'était le bon moment pour les « bonhommes de neige ». La neige fraîche s'enroulait en effet comme un tapis et avec ces cylindres de neige on construisait de vrais monuments qui avaient toujours la même forme.

Deux cylindres se touchant formaient les jambes, sur ces jambes un cylindre de neige plus gros constituait le corps. Une grosse boule bien ronde était placée sur ce corps : c'était la tête. Pour les yeux, le nez, les oreilles et la bouche on utilisait du charbon de bois. Dans la bouche on plantait une pipe et sur la tête on plaçait un vieux chapeau ou un bonnet de nuit. On façonnait alors deux bras, collés au corps, entre lesquels on introduisait un balai, une *remesse*.

Notre bonhomme monumental avait ainsi grande allure.

Chaque quartier avait son bonhomme, on comparait, mais pour chacun le plus beau était bien sûr le sien.

Après une ronde et quelquefois un petit feu de joie, chaque « bonhomme » était l'objet d'un bombardement à coup de boules de neige. Il résistait stoïquement. Les boules se collaient au « bonhomme » lui faisant partout d'énormes boursouflures. Au moment de la fonte, il résistait longtemps et fournissait aux enfants les munitions des dernières batailles.

Mais « bonhommes » et batailles n'étaient que le hors-d'œuvre des jeux d'hiver. Les vrais jeux, c'était les folles glissades dans les côtes de Rougemont, en sabots, en luge et même en bobsleigh.

A Rougemont on ne connaissait pas encore les skis et on n'avait pas le moyen de s'en payer. On glissait sur nos sabots, mais il y avait sabots et sabots !

Le choix du bois était important, certains préféraient du bois dur, d'autres de la *verne* ou du bouleau. Les malins s'arrangeaient pour avoir une semelle assez épaisse et le moins de talon possible, de façon à ce que le sabot devienne très vite lisse et donc plus glissant.

Il y avait alors plusieurs sabotiers et la neige pour eux, c'était le pactole ! Ils ne savaient plus où donner de l'outil. Beaucoup allaient chez le père Legrand parce qu'il faisait des sabots en noyer.

Pour moi, c'était le père Belfort. Les Belfort étaient sabotiers de père en fils et depuis toujours, ils faisaient les sabots de la même façon. Les gosses, souvent lui apportaient le bois. Il habitait la citadelle et il fallait le voir dans son atelier qui était son arrière cuisine.

Il travaillait sur un établi rudimentaire : un bloc de bois épais reposant solidement sur trois pieds. Ce bloc de bois comportait des encoches assez profondes où l'on fixait le sabot à l'aide de grosses chevilles.

166

Il sciait d'abord le bois à la longueur du sabot, puis il commençait à façonner l'ébauche à l'aide d'une hachette au manche très court et au taillant très large. Ensuite avec l'herminette, une hachette au taillant recourbé, les contours du sabot devenaient plus réguliers. Il terminait alors la forme avec le paroir ou grand couteau qui était une grande lame coupante, articulée à une extrêmité sur l'établi et munie à l'autre extrémité d'une poignée, que le père Belfort maniait avec dextérité, détachant des copeaux plus ou moins gros selon qu'il fallait dégager un renflement ou accentuer un creux.

La forme ainsi dégagée, à la scie et à l'herminette, il taillait le talon.

— Pas trop de talon, demandait le gosse qui suivait la fabrication de ses sabots.

L'ébauche terminée était prête pour l'évidage.

L'ébauche, solidement fixée dans une encoche de l'établi par une cheville, le père Belfort, avec une grosse tarière creusait le sabot et avec des « cuillères » de grosseurs différentes, perfectionnait l'intérieur. Avec un outil plus fin appelé « langue de pie », il supprimait toutes les aspérités, polissait l'intérieur pour que le pied puisse entrer en douceur.

Le sabot était alors poli avec le racloir, orné avec la rainette et verni. Après un court séchage dans la cheminée, le père Belfort ajustait le sabot à notre pied avec une bride de cuir clouée dans le bois.

On était prêt pour la glissade.

Dans tous les quartiers du village, les gosses créaient de petites glissades, de quelques mètres de longueur, légèrement en pente. On se lançait à la queue leu leu et on glissait le plus vite possible. Mais les vrais jeux se passaient sur les côtes.

Le village construit sur deux collines, Rougemontot et la citadelle, offraient des pistes remarquables. A la vérité, la côte de Rougemontot était relativement peu fréquentée parce que la piste était un danger pour les bêtes des cultivateurs dont les écuries bordent la côte et elle débouche en plein village, au carrefour de deux rues.

Les côtes de la citadelle étaient les plus fréquentées.

Deux pistes partaient de l'église. Celle de la grande côte avait la préférence des gosses du quartier de la gendarmerie et de la route de Besançon. C'était la plus longue, car après la traversée de la route, à cet endroit très dégagé, on pouvait, avec l'élan pris, descendre jusqu'au bas de la côte des abreuvoirs. Ce n'était pourtant pas la piste la plus recherchée. Celle qui avait la préférence était la piste de la petite côte parce qu'elle était plus en pente, donc plus rapide.

Elle était aussi plus dangereuse parce qu'elle était traversée par trois caniveaux servant à l'écoulement de l'eau et elle comportait deux virages. Elle était donc choisie, je le pense, en raison des risques et des sensations qu'elle offrait, elle était la piste des meilleurs, la piste des champions. Les champions, quelques-uns seulement, partant de la citadelle, descendaient debout, glissant sur leurs sabots, en s'aidant pour freiner, d'un simple échalas. Ils sautaient les caniveaux, viraient avec adresse et ne s'arrêtaient que sous la porte du vieux moulin.

Pour la plupart, la descente s'effectuait à « la sellette », c'est-à-dire accroupi en s'appuyant sur un échalas. Parfois plusieurs, trois ou quatre, descendaient ensemble à « la sellette ». Le plus habile était le premier, il s'aidait d'un échalas, le second tenait le premier par la taille et ainsi de suite. Ils formaient ainsi des chenilles humaines qui dévalaient la côte à des vitesses folles.

Je dois avouer que je n'étais pas un bon glisseur, aussi, aux glissades en sabots, je préférais la luge.

Les luges étaient de deux sortes. Les plus nombreuses étaient des petites luges à une place parfois fabriquées par les pères, mais le plus souvent par un des menuisiers du pays : Bécanier, Bépois ou Fournerot. Ces luges étaient faites de deux montants de bois durs arrondis à l'avant. Une planche clouée sur ces montants servait de siège et de petites languettes dépassant du siège servaient à la fois pour s'appuyer et conduire en s'aidant des pieds.

Les deux montants de la luge étaient ferrés avec des fers demi-ronds.

Quelques gosses, dont j'étais, avaient des « Davos » qui étaient des luges plus hautes, plus légères et sur lesquelles on pouvait se mettre deux et même trois.

La descente était rapide, les sauts aux caniveaux prodigieux, la manœuvre aux virages délicate. Il fallait « ramer » avec les pieds pour éviter le mur de la maison Gonneaud.

Les plus audacieux descendaient parfois à plat ventre sur la luge. C'était dangereux et pourtant je n'ai pas le souvenir d'un seul accident grave.

Une année, ce devait être en 1912, Lulu Demoly qui avait quinze ans avait construit un bobsleigh. Il comportait une longue luge et à l'avant une petite luge mobile manœuvrée par un volant branché sur une roue à dents, tournant sur une chaîne de bicyclette fixée en deux points de la grande luge.

L'invention marcha admirablement et les grands, montés à quatre sur le « bob » descendaient la côte à toute allure, « à tombeau ouvert » disaient-ils.

Nous étions admiratifs !

Si la descente était rapide, la remontée était lente. On traînait les luges avec une ficelle et le cycle reprenait...

Ces jeux avaient lieu le jeudi toute la journée et le soir après la classe. En hiver la nuit tombe tôt, la piste était balisée par les quelques lumignons qui éclairaient la rue.

Les côtes ne tardaient pas à se transformer en véritables patinoires devenant absolument impraticables pour les habitants de la citadelle surtout pour les personnes âgées. Alors, souvent, au petit matin, le cantonnier répandait des cendres et des scories.

Le soir on balayait, on remettait de la neige et on recommençait.

Un de ceux qui rouspétaient le plus, quoique avec bonne humeur, était l'abbé Courtalon. Il avait du mal à remonter au presbytère. Je vois encore, certain soir, sa longue silhouette noire coiffée de son large chapeau de curé. Il montait doucement, marchant le long de la piste et chaque fois que passait un glisseur ou un lugeur, sa canne s'abattait, ratant toujours le gosse qui, narquois, filait à bonne allure.

Quand les réclamations devenaient trop nombreuses, on mobilisait contre nous le père Pourtier, le garde-champêtre. Il coiffait alors son képi, accrochait sa plaque et essayait, mais en vain, d'arrêter les glisseurs. Il employait alors une ruse, il se cachait dans l'encoignure de la porte de Grange de Piotte et « piquait » une ou deux luges qu'il rendait le lendemain avec une réprimande.

Après ces séances de jeux d'hiver, nous rentrions à la maison heureux certes, mais las, trempés jusqu'à la peau, les mains et les lèvres gercées. Ma mère nous passait alors les mains à la glycérine et les lèvres à la « pâte Rosa »... et le lendemain on recommençait.

Un autre jeu d'hiver qui se pratiquait quatre ou cinq fois par an, était le patinage. Quand le thermomètre descendait durablement au-dessous de zéro et qu'une bonne bise soufflait, l'eau stagnante de *Mouille-Cul* [1] et des sablières de Montferney gelait et l'on pouvait alors patiner.

En ce temps-là, il n'y avait pas encore de patin faisant corps avec la chaussure. On achetait des patins chez l'un des deux quin-cailliers, Breuillard ou Faivre. Ces patins se fixaient sous les chaus-sures par des agrafes serrées par un levier et l'on ajoutait sur le devant du pied et sur la cheville une petite courroie.

Notre patinage était bien sûr un patinage classique, sans figures artistiques. Il arrivait pourtant que des couples, se tenant par les mains croisées, glissaient d'un pas grâcieux, harmonieux et rapide !

J'ai le souvenir que ceux qui étaient sur leurs sabots les plus habiles glisseurs, étaient aussi les meilleurs patineurs. Certains d'entre eux, longtemps après, ont fait du ski et ont été de bons skieurs.

Mais où sont les neiges d'antan ? Nos gens ont sans doute raison : « le temps s'est réchauffé », mais surtout la circulation automobile devenue intense, même à Rougemont, rend impossibles les merveilleuses glissades d'autrefois.

1. Mouille-Cul : lieu-dit, situé sur la route de Tressandans où sont construites aujourd'hui les maisons Caïelli.

LES ROIS MAGES

Les Rois Mages ont toujours été à l'honneur en Franche-Comté. Ils sont, pour nous, une tradition plusieurs fois centenaire que l'on retrouve dans la liturgie et le théâtre populaire. Ils figurent en bonne place dans la crèche, rappelez-vous :

« Nous sommes rois d'Orient (*bis*)
Nous venons d'un cœur riant
Dans la Judée,
Pour adorer l'Enfançon
Qu'avons vu en idée. »

Jusqu'à des temps récents, l'Epiphanie était célébrée à peu près de la même façon dans tous nos villages comtois. Avec plus d'éclat sans doute dans le « Haut-Doubs » et la région de Pontarlier qu'en « bas », mais à peu près partout, trois garçons déguisés en « rois d'Orient » parcouraient le village en *chantant les Rois*.

Je me souviens parfaitement des Rois Mages de mon enfance, des derniers Rois Mages, ceux des années qui ont précédé la guerre, c'est-à-dire des années 1912 à 1914.

Les Rois Mages étaient de *Rougemontot* [1] ils s'appelaient Minon, Mantion et Langlais. Minon était l'organisateur, aussi jouait-il le rôle du plus illustre des rois légendaires : Gaspard. Langlais était Balthazar et Mantion, le visage barbouillé de suie, était le roi nègre : Melchior.

Sur leurs vêtements, ils avaient passé une chemise blanche qui suivant leur taille — et aussi la grandeur du père à qui ils l'avaient empruntée — descendaient plus ou moins bas. Une cein-

---

1. Rougemontot : quartier de Rougemont limité par les Gratteries, la rue des Juifs et la Route de Bonnal.

171

ture de tissu rouge, mal ajustée, leur serrait la taille. Si pour chacun des trois le vêtement était sensiblement le même, les coiffes et les attributs étaient différents.

Gaspard avait spécialement soigné sa couronne dans laquelle il avait investi quelques sous. Le jeudi précédent, il avait acheté chez Jouchoux du papier doré et aidé par sa sœur, il avait confectionné, à la taille de son crâne, un long cône de carton blanc constellé d'étoiles dorées. La coiffe de Balthazar était du même genre, mais moins haute et avec moins d'étoiles. La couronne de Melchior était une simple boîte cylindrique à manchon recouverte de papier d'argent qui tranchait avec son visage *machuré*.

Les Rois Mages de Rougemont ne portaient ni myrrhe, ni encens, ni parfum, ni or mais ils avaient leurs attributs propres. Gaspard, c'était là le signe de sa supériorité, portait une sacoche destinée à contenir les pièces de monnaie que le royal trio récoltait dans les maisons du bourg. Balthasar portait un sac pour recueillir les dons en nature : gâteaux, bonbons, pommes, oranges, etc., quant à Melchior, il portait sous le bras une solide trique pour les méchants qui viendraient à manquer de respect aux jeunes majestés.

Pendant des jours, ils avaient répété la « chanson des rois » et quand arrivait l'Epiphanie, ils étaient fin prêts.

Le 6 janvier, la nuit tombe tôt, très tôt même et dès quatre heures de relevée, ils se mettaient en route. Ils commençaient leurs visites après le passage à niveau et n'allaient que dans les « bonnes maisons », celles où ils étaient à peu près sûrs d'être bien reçus et dont ils avaient minutieusement dressé la liste.

Ils arrivaient chez nous vers sept heures du soir, sonnaient à casser la clochette et entraient en chantant :

Trois rois nous sommes rencontrés
Venant de diverses contrées
Sommes ici tous trois venus
Pour adorer l'Enfant Jésus (*bis*).

Ils étaient reçus à la cuisine. Il y avait là ma mère, ma sœur, mon frère, Félicia la bonne, et moi. Les Rois Mages avaient de deux à quatre ans de plus que moi, j'avais bien reconnu Minon et Langlais mais Melchior avec sa figure noire et son gros bâton me faisait peur et à leur arrivée je me cachais derrière ma mère alors qu'ils continuaient de chanter :

En quinze jours, quatre cents lieues
Nous avons fait en cherchant Dieu ;
C'est cette étoile qui nous conduit,
Qui nous éclaire jour et nuit (*bis*)
En Orient l'avons cherché,
A Bethléem l'avons trouvé ;
Nous lui avons fait nos présents
D'or et de myrrhe et puis d'encens (*bis*).

Pendant que Félicia préparait des verres avec du sirop de cassis et des petits gâteaux, les Mages finissaient la chanson des Rois :

A l'étable, en ce pauvre lieu,
Là où est né le fils de Dieu
L'âne et le bœuf sont à l'entour
Que le réchauffent nuit et jour (*bis*)
Le roi Hérode, ce méchant,
Nous demande de cet enfant
Pour l'adorer ainsi que nous ;
Ce vilain traître en est jaloux (*bis*).

Ma mère donnait alors à chacun une orange, une pomme et une pièce de cinq sous en nickel. Gaspard-Minon rangeait les trois pièces dans sa sacoche, Balthazar-Langlais mettait les oranges et les pommes dans son sac et on trinquait... Les « Rois Mages » redevenaient pour quelques minutes des gosses de Rougemont un peu gais, car si, chez nous, ils buvaient du sirop, ailleurs on avait dû leur offrir du vin qui émoustillait ces « majestés » âgées de douze à quatorze ans.

Mais les « Rois » devaient continuer leur route, ils reprenaient alors leur rôle et chantaient pour remercier leurs hôtes de l'accueil reçu.

Dieu bénira votre maison
Pour ça que vous avez donné ;
Vous en serez récompensés
Pendant toute l'éternité (*bis*).

Ce couplet achevé, la figure empourprée, ils sortaient pour continuer leurs visites. Ma mère disait après leur départ :

— Ils sont gentils ces petits, ils chantent bien, sauf Langlais qui chante faux !

Leur tournée dans Rougemont n'était pas toujours de tout repos et c'était souvent dans notre quartier que les choses se gâtaient, car ils avaient la concurrence des Rois Mages de la citadelle, qui étaient les trois frères Nommé. Le carrefour de la rue de la petite côte, de la rue de traverse et de la rue de la glacière, à sept heures passées, le soir, était pour eux une coupe gorge. C'est là, à la limite de leur domaine, que les attendaient les gosses de la Citadelle jaloux de ceux de Rougemontot. Retranchés dans les encoignures, ayant préparé un stock de boules de neige, ils attaquaient les Rois Mages. Une avalanche de boules de neige tombait sur eux mettant à mal leur déguisement et les couronnes royales. Ils se retranchaient alors contre les murs et contre-attaquaient à coup de boules de neige et même de pierres, et Melchior, courageux, fonçait sur les assaillants et faisant avec sa trique des moulinets menaçants, il mettait en fuite ceux de la citadelle.

On secouait les chemises pleines de neige, on rafistolait tant bien que mal les couronnes qui avaient souffert dans la bataille. Ces couronnes n'étaient plus très belles, les boules de neige qu'elles avaient reçues les avaient un peu endommagées, elles étaient défraîchies mais pas assez pour entamer l'optimisme des « majestés » qui fièrement reprenaient leur chanson et leurs visites.

Leur tournée s'achevait tard. Généralement vers neuf heures et même dix heures du soir. Elle se terminait chez Minon où se faisait le partage, par parts égales, d'un butin important qui comblait d'aise les « Rois Mages ». Ils avaient assez de sous pour refaire l'année prochaine, les couronnes royales qui avaient un peu souffert !

La guerre a tué la tradition des « Rois Mages », sans tuer complètement la tradition de l'Epiphanie. Le soir du 6 janvier, on continue à *tirer les Rois*. On s'invite de famille à famille et on mange le gâteau des rois. L'ourlet de celui-ci renferme une fève ou un petit bonhomme de porcelaine qui désigne le roi. On couronne alors le roi qui choisit sa reine... non sans faire des jalouses. On trinque et chaque fois que le roi porte le verre à la bouche, tout le monde crie :

— Le roi boit !

Combien de temps encore durera cette tradition, dernier vestige des « Rois Mages » ?

LES TRADITIONS DES CONSCRITS

Les bonnes gens de nos villages disaient autrefois plaisamment :
« Vingt ans, c'est la belle âge ! »

C'est ce que pensaient les conscrits, c'est-à-dire ceux qui
« tiraient au sort » dans l'année. Bien sûr on ne « tirait plus au sort »,
mais on avait conservé l'ancien vocable pour désigner le conseil
de révision.

Les conscrits étaient donc les garçons qui, ayant vingt ans
dans l'année, passaient « le conseil de révision » pour être appelés
sous les drapeaux. Toute l'année qui précédait, était marquée de
réjouissances, de manifestations spéciales auxquelles étaient associés ceux qui avaient un an de moins et qu'on appelait les *chantelots*.
Les traditions des conscrits duraient donc deux ans. C'était une
période de jeux, de rencontres, d'animation pour les villages, comme
on dirait aujourd'hui, qui occupait les jeunes. Ces traditions n'étaient
pas désintéressées, elles avaient pour but de remplir la cagnotte
des conscrits et de leur permettre, le grand jour du conseil de
révision venu, d'acheter des drapeaux et des cocardes et de « faire
la fête ».

Dès qu'une « classe » avait passé le conseil de révision, la
« classe » suivante prenait le relai.

La plupart des traditions des conscrits avaient lieu à dates
fixes, une seule durait toute l'année : le mortier.

Le mortier.

Les conscrits étaient les « artificiers » de la commune, c'était
eux qui « tiraient le mortier ». On tirait le mortier pour les mariages,

175

la veille du 14 juillet et la veille de la fête patronale. Autrefois, on tirait aussi le mortier pendant la messe, en l'honneur de la jeune fille qui offrait le cierge, mais à la suite d'un scandale, cette tradition fut supprimée par le conseil municipal, à la fin du XVIIIe siècle.

Le mortier — que dans les villages certains appelaient le fauconneau, du nom d'une petite pièce d'artillerie des XVIe et XVIIe siècles — était un court cylindre de fonte, ouvragé à l'extérieur, muni à sa base d'un trou de mise à feu. On le chargeait par la gueule de poudre noire et avec un maillet et un morceau de bois rond on le « bourrait » de terre et de papier. L'explosion était d'autant plus violente que le mortier était bien bourré. L'opération n'était pas sans risque, la mèche allumée, c'était la projection à deux cents mètres, et même plus, d'une grêle de terre et de bourres de papier enflammées.

Pour éviter les accidents, les autorités avaient fixé, pour le mortier, un point assez éloigné. Il se situait entre deux cerisiers, sur la route qui va du cimetière à la route de Tressandans, face à Rougemont de façon que les détonations résonnent dans tout le village.

Il y avait quatre mortiers, on tirait généralement douze coups. Après les quatre premiers, on laissait refroidir l'engin et deux fois on recommençait l'opération.

Pour les mariages, les premiers coups étaient tirés quand le cortège sortait de la mairie, les derniers quand il entrait à l'église.

Les dates fixes des traditions des conscrits étaient : carnaval, le 1er mai et la fête patronale.

Les pois frits.

A carnaval, sans doute pour les remercier d'avoir tiré le mortier en leur honneur, les mariés de l'année devaient aux conscrits le repas dit des *pois frits*. C'était un repas au cours duquel un plat de pois, frits à la façon habituelle, était de rigueur. Mais il n'était pas unique, il était accompagné d'au moins deux plats de viande et de desserts abondants le tout copieusement arrosé de bons crus. A la fin du repas chacun y allait obligatoirement de sa chansonnette ou de sa *racontotte*.

Le mai.

Dans la soirée du 30 avril, et pour tout le mois de mai, les conscrits plantaient sur la place publique un grand sapin qu'on appelait *le Mai*.

Le Mai, c'était l'arbre du renouveau, l'arbre de la liberté, l'arbre de l'espérance.

Il n'est pas de période de l'année qui, plus que le mois de mai, ait inspiré nos traditions populaires. Cela se comprend facilement. L'hiver est rude et long en Franche-Comté, le mois de mai est le mois du renouveau, le mois du printemps avec tout ce que ce mot évoque de vie, de soleil, de couleur, de joie.

Le Mai était donné par le député de la circonscription, le marquis de Moustier. Quelques jours avant, avec le régisseur, les conscrits allaient reconnaître leur arbre. Pour Rougemont, pour le chef-lieu de canton qui comptait beaucoup d'électeurs, on le choisissait beau. C'était un magnifique sapin de vingt mètres de haut qui mesurait à la base vingt-cinq à trente centimètres de diamètre. On le choisissait d'autant plus beau qu'en juin on le vendait à un marchand de bois et que, plus il était beau, plus on en tirait de sous !

Les conscrits, le 30 avril, abattaient et transportaient eux-mêmes leur *Mai*. Ils l'ébranchaient ne laissant au sommet qu'un petit *toupot* [1] puis le chargeaient sur un chariot en écartant le train arrière à la demande du sapin et, traîné par des bœufs, ils l'amenaient sur la place de Rougemont.

Un grand trou de 1,20 m de diamètre et 1,50 m de profondeur était creusé, toujours au même endroit, sensiblement au centre de la partie de la place comprise entre la première rangée de tilleuls, le grand mur circulaire et l'avenue de la gare. L'arbre était couché en direction de la fontaine, le pied arrivant au bord du trou. Sur le *toupot* on ficelait un drapeau tricolore et alors commençait l'opération la plus délicate.

Les conseils, surtout ceux des « anciens », ne manquaient pas. Le pied bloqué au-dessus du trou, l'arbre était progressivement redressé à la main par une équipe de conscrits et de chantelots, il

1. Toupot : touffe de branches restant au sommet d'un sapin élagué.

était maintenu par des arcs-boutants formés de chevrons ligaturés, on redressait ainsi de plus en plus le sapin pendant que simultanément le trou était rempli de terre et de pierres. Quand l'arbre approchait de la verticale, pour le consolider et le mettre bien droit, on utilisait des pieux de bois, enfoncés à la masse, tout autour du tronc.

Le Mai était planté et là-haut, au-dessus du *toupot* claquait au vent le drapeau tricolore.

Les gens qui avaient suivi l'opération, regardaient avec fierté *le Mai* de leur village qui allait rester là tout un mois.

Les lauriers ou les mais.

Le mois de mai, mois du printemps est le mois des amours, non seulement chez les humains mais aussi chez les bêtes. Aussi disait-on couramment : le mois de mai est le mois ou « tout aime ». C'était donc pour fêter ce mois des amours et rendre hommage aux filles du village que, durant la nuit du 30 avril au 1er mai, les conscrits accrochaient une branche de laurier à leurs fenêtres.

Ils avaient depuis longtemps fait le compte des filles à honorer et repéré les bosquets et les haies de laurier où ils pourraient s'approvisionner. Le plus souvent, ils prélevaient les branches de laurier avec l'accord du propriétaire mais parfois c'était en fraude, la nuit, qu'ils cueillaient les branches dont ils avaient besoin.

Ces branches symboliques, « les lauriers » ou « les mais » comme on les appelait avaient un langage auquel personne ne se trompait. Quand un conscrit « avait un sentiment » pour une fille, il lui mettait une branche plus grosse. Le matin au réveil, le cœur battant, la fille comprenait !

Il arrivait parfois qu'au lieu de laurier on mettait à une fille une branche de cerisier. Cela signifiait qu'elle n'était pas vertueuse, qu'elle courait. Le lendemain matin tout le village le savait et les langues allaient bon train.

— Vous avez-vu la Jeanne a eu du cerisier ?
— C'est donc vrai ce qu'on dit d'elle ?
— Oh ! allez, y'a pas de fumée sans feu !

C'est ainsi que se créaient les réputations... alors que souvent il s'agissait d'une vengeance ! Pensez : la fille « causait à un d'un village voisin ». Crime impardonnable !

A la vérité, cela arrivait rarement, les conscrits, prudents ne voulaient pas risquer de perdre les oboles généreuses qu'ils recevaient le lundi de la fête en allant faire danser les filles.

Les aubades.

La veille de la fête patronale, dans la nuit, conscrits et chantelots donnaient les « aubades » à toutes les filles du village quel que soit leur âge.

La nuit tombée, la troupe, accompagnée du père Jacques et de sa clarinette et aussi souvent du gros Bécanier dont on mettait à contribution la belle voix de basse, parcourait les rues du bourg. Sous les fenêtres de chaque maison où habitait une fille, le père Jacques jouait de sa clarinette l'air des « Aubades » et toute la troupe chantait en chœur la vieille sérénade du pays :

1 Bonsoir ma mie, bonsoir,
   Tu fais bien l'endormie
   Quand je viens te voir.
   Ah ! si tu ne réponds pas,
   Adieu belle je m'en vais (*bis*)
   Vers plus jolie que toi.

2 Si j'avais un tambour,
   Couvert de violettes
   Jolies fleurs d'amour,
   Je le ferais rouler
   Sur ta fidélité (*bis*)
   Oh ! ma chère bien-aimée.

3 Les oisillons des bois
   Sont cent fois plus heureux
   Que ces pauv'amoureux,
   Ils s'en vont de branche en branche
   En chantant joyeusement (*bis*)
   Voici le printemps.

Souvent pendant la chanson, on voyait s'entr'ouvrir un rideau, des gens apparaissaient en chemise, heureux de l'hommage qui leur était rendu. Bien sûr, il ne fallait oublier personne et si on constatait un oubli, on n'hésitait pas à faire demi-tour pour aller donner son aubade à la belle oubliée.

Ah ! comme ils roulaient bien les tambours de nos vingt ans sur la fidélité de la chère bien aimée !... Les conscrits étaient aussi heureux que celles qui recevaient leur hommage et pourtant leurs aubades n'étaient pas complètement désintéressées... Le lundi de la fête, dans la matinée, toujours accompagnés du père Jacques et de sa clarinette, ils allaient dans chaque maison faire danser les filles qu'ils avaient honorées d'une aubade et recevoir, en échange de leur hommage musical et vocal, l'obole, souvent généreuse, qui allait grossir la cagnotte des conscrits.

Le jeu de quilles des conscrits.

Les quilles, pendant longtemps, ont été une des distractions favorites des Comtois. Ce sont les communes qui, à l'origine, possédaient les aires de jeux et les amodiaient à des particuliers qui jouaient de l'argent. Certains même jouaient gros. On raconte qu'un paysan de Cubrial qui était venu à la foire de Rougemont vendre ses bœufs les joua aux quilles et les perdit. Plus tard, les cafés prirent le relai des communes. C'est ainsi, on l'a vu, qu'à Rougemont, six cafés sur huit avaient un jeu de quilles. Ils orientèrent alors les paris sur les consommations que payaient les perdants, plutôt que sur les mises d'argent.

A la fête, pendant deux jours, le dimanche et le lundi, il y avait un jeu de quilles spécial : celui des conscrits.

Il était installé dans la cour de récréation des garçons, à quelques mètres seulement de la fête foraine. La cage des quilles fermée sur trois côtés par des planches montées sur une hauteur de deux mètres était près du chemin des fossés, contre le mur du jardin d'Alphonse Millerin [1]. Les quilles étaient posées directement sur le sol qui à cet endroit avait été damé. Le jeu occupait toute la longueur

---

1. La petite maison actuelle n'existait pas encore.

de la cour. Les joueurs pouvaient s'élancer jusqu'au bord d'une planche de cinq à six mètres de longueur, fixée au niveau du sol et orientée vers le *quart*. Les quilles étaient monumentales, elles avaient été spécialement fabriquées par les conscrits. Les boules empruntées à un des cafés du village étaient classiques, mais petites comparées aux quilles. Certaines années, les conscrits montaient une rigole de bois en pente pour renvoyer, en douceur, les boules aux joueurs.

Le gagnant du concours était celui qui, durant les deux jours, avec quatre boules, avait renversé le plus de quilles. L'enjeu était un gros mouton acheté par les conscrits. Il était là, bêlant, attaché à un tilleul de l'abattoir à cochons, tout enrubanné de tricolore.

Le jeu de quilles connaissait un énorme succès. On payait cinq sous la partie de quatre boules. Certains jouaient le mouton et en même temps jouaient entre eux des consommations.

Pour jouer « le mouton » on venait des villages les plus éloignés du canton. Il y avait des spécialistes qui se livraient une rude compétition. On n'était pas obligé d'utiliser la planche, aussi il y avait des costauds qui *plombaient*. Ils lançaient la boule en l'air en essayant de la faire tomber juste au pied du *quart*. Quand ils réussissaient, c'était souvent une hécatombe, mais c'était dangereux pour les « *requilleurs* » qui se cachaient alors derrière les planches.

Les « requilleurs » étaient généralement des chantelots qui se relayaient. Les conscrits tenaient la caisse et la comptabilité des résultats des joueurs.

Certains joueurs « tenaient » très longtemps. Le lundi, à partir de quatre heures, c'était la ruée des costauds car le concours se terminait à sept heures précises.

Parfois, à la fermeture, il y avait des *rampôs*, c'est-à-dire égalité de quilles renversées entre deux ou plusieurs joueurs. Le règlement prévoyait le cas. Comme il ne pouvait y avoir qu'un vainqueur, on jouait les *rampôs* en « quatre boules sèches ». Cela signifiait que dans cette finale le mouton était gagné par celui qui, en quatre boules, renversait le plus de quilles. Un public nombreux suivait avec passion ces dernières parties.

On remettait solennellement le mouton au vainqueur, très applaudi, qui faisait en triomphateur un tour de fête avec le mouton chargé sur les épaules, les pattes réunies deux à deux dans ses mains. Les gosses l'entouraient et le suivaient et tout le pays connaissait le nom du vainqueur.

Pour les conscrits, c'était une excellente affaire. En deux jours, avec les oboles reçues le matin en faisant danser les filles, leur cagnotte s'enflait dans des proportions qui faisaient bien augurer de la « ribouldingue » du conseil de révision.

Le conseil de révision.

Le grand jour arrivait enfin, c'était celui du conseil de révision.

Le conseil de révision est une espèce de tribunal administratif chargé de statuer sur la situation militaire de chaque conscrit. Il est formé de civils et de militaires. Le Préfet ou le Sous-Préfet le présidait assisté d'élus, le député, le conseiller général, les maires intéressés, et d'officiers dont deux médecins. Il siégeait à Rougemont à la mairie, dans la salle de la justice de paix.

Les conscrits arrivaient de toutes les communes du canton, drapeaux déployés et chantant. Il y avait alors dans le canton, suivant les années de 60 à 80 conscrits accompagnés d'autant de chantelots. Devant la mairie, des marchands ambulants, sur des étals portatifs, vendaient des cocardes, des souve nirs, des drapeaux.

Les conscrits se déshabillaient dans la salle voisine de la justice de paix et par cinq entraient, dans la tenue d'Adam, dans la salle où siégeaient les officiels. Ils passaient sur une bascule et sous une toise que contrôlaient des gendarmes et étaient examinés par les médecins militaires qui donnaient leur verdict aux officiels.

Parfois des questions étaient posées aux conscrits qui répondaient en bafouillant. J'ai assisté pendant plus de trente ans, en qualité de maire, de conseiller général ou de député à des conseils de révision. J'ai constaté que partout les conscrits, gênés sans doute par leur nudité, n'étaient pas bavards, ils ne crânaient pas, ils répondaient aux questions avec timidité.

Le verdict tombait alors : bon pour le service armé, bon pour le service auxiliaire, ajourné, exempté. Il était reçu avec joie ou consternation.

Les conscrits se rhabillaient et c'était la ruée sur les marchands ambulants. Ils se couvraient la poitrine de cocardes tricolores portant généralement la mention « Bon pour le service » « Classe 1911 ». Certains, souvent les plus mal foutus, peut-être pour séduire les filles, arboraient des cocardes triomphales : « Bon pour les femmes ».

Ils se rassemblaient par commune autour de leur drapeau et emplissaient les cafés se livrant à d'énormes beuveries. Le soir, grâce à la cagnotte, ils banquetaient généreusement.

La plupart du temps, ils rentraient tard dans leurs familles en titubant et en chantant d'une voix éraillée.

Le lendemain ils avaient des *grillots* [1] carabinés qui leur laissaient un souvenir durable de leurs vingt ans.

Les traditions des conscrits ont duré je crois, cahin-caha, jusqu'à la suppression des conseils de révision. Pourtant il reste, ici et là, la tradition du « mai » que l'on voit encore dans quelques villages.

1. Grillots : « Avoir les grillots » c'est être malade au lendemain d'une orgie ; avoir mal aux cheveux.

CONTES ET LÉGENDES DE MON VILLAGE

Chacun de nos villages comtois a ses contes et ses légendes qui sont le reflet fidèle d'une certaine façon de vivre et de penser. Ils traduisent les mœurs, les usages et les croyances du peuple dont ils représentaient la physionomie morale, le caractère particulier et distinctif.

Rougemont, comme beaucoup d'autres villages a sa *vouivre*, la « *vouivre de Cubry* »[1] effrayait nos gens ; ses *Dames des prés*[2] qui, près avoir longtemps voltigé sur nos prairies ont enfin pu rejoindre leurs fiancés dans leurs tombes ; il a aussi sa *Dame verte* et bien d'autres légendes. Si aucun procès de sorcellerie n'a marqué son histoire, Rougemont on le verra, a eu cependant sa sorcière et son sabbat.

Il existe sur « Les traditions populaires de la Franche-Comté » un livre de qualité qui fait de son auteur, Charles Thuriet, le maître des légendes comtoises. Or, « c'est au cours des huit années qu'il vécut à Rougemont (1869-1977), nous dit son neveu Maurice Thuriet, que Ch. Thuriet commença à receuillir au prix d'un long et persévérant labeur et de patientes recherches les traditions populaires de la Franche-Comté ».

Peut-être commença-t-il par celles qu'on va lire et qui concernent Rougemont[3]. Je renvoie cependant le lecteur à mon recueil

1. Voir du même auteur « La vouivre de Cubry » dans *Contes et Nouvelles du pays comtois*. Tome II. Editions REPP 1977.
2. Voir du même auteur « La chapelle de Saint-Hilaire », *Les Dames des prés*. Jacques et Demontrond, 1941.
3. Tous les contes et légendes sont de Charles Thuriet : *Les traditions populaires du Doubs*. Librairie historique des provinces. Emile Lechevallier, Paris, 1891.

Racontottes de Franche-Comté où il trouvera quelques contes de Rougemont que je ne juge pas utile de reprendre ici.

L'église de Naon.

Il existe sur le territoire de Rougemont une petite église sous le vocable de Saint-Hilaire de Poitiers, qui se trouve isolée comme un ermitage au milieu des champs et qui a un porche du xve et un clocheton du ixe siècle à son entrée [1]. Elle n'est depuis très long-temps qu'une annexe de l'église de Rougemont et sert de paroisse à deux petits villages voisins, Chazelot et Montferney. Une tradition locale rapporte qu'autrefois il existait un village important, d'autres disent une *ville* appelée Nahon (ou Naon) autour de cette église. Cette expression de ville s'explique. On désignait par ce nom au Moyen Age le village ouvert qui existait en dehors de l'enceinte murée d'un bourg, et Rougemont était à cette époque un bourg fortifié. La tradition ajoute qu'au temps d'une invasion dont on ne peut préciser la date mais bien antérieure à celle des Suédois, les habitants de Nahon déposèrent dans leur église tout ce qu'ils avaient de plus précieux. Ils apportèrent ensuite des matériaux de toute espèce sous lesquels ils enfouirent complètement l'église afin de la préserver du pillage et de l'incendie. La commune de Nahon désertée par ses habitants fut complètement brûlée et détruite par l'ennemi.

L'église seule avec tout ce qu'elle renfermait fut soustraite à la dévastation. Après la guerre, les malheureux habitants de Nahon reconstruisirent non loin de là deux villages qui sont ceux de Chazelot et Montferney. La charrue passe aujourd'hui librement où étaient jadis les maisons de la *ville* et, à peine retourne-t-elle quelquefois un débri de tuile ou de pierre calcinée pour rappeler aux contemporains quel fut autrefois le sort de la malheureuse ville de Naon [2].

1. Le porche et le clocheton ont été reconstruits à la fin du xixe siècle (1872-1873).
2. Lorsqu'en 1910 on a construit l'actuel cimetière de Rougemont — et depuis en creusant les fosses — on a trouvé plusieurs vestiges de murs anciens.

La fontaine de la carrosse.

Il existe sur le territoire de Rougemont, non loin d'une prairie appelée le Petit-Etang, une fontaine profonde qui porte le nom de *Fontaine de la Carrosse.*

Les anciens du pays racontent qu'un sire de Montby avait un jour enlevé par force ou par ruse une jeune fille vertueuse de Nahon, village dont il ne reste rien que la petite église sous le vocable de Saint-Hilaire entre Rougemont et Montferney.

Le ravisseur avait jeté sa victime dans le fond de son carrosse et il pressait ses coursiers à toutes brides à travers champs. Tout à coup, on ne sait par quel hasard ou quel prodige, l'équipage tout entier disparut sous terre.

Les cris de la jeune fille ayant averti quelques paysans qui travaillaient dans le voisinage, ceux-ci accoururent ; mais ils ne trouvèrent à l'endroit où l'équipage avait disparu, qu'un creux sans fond d'où l'eau semblait jaillir.

Cette fontaine qui n'existait pas auparavant a été appelée *Fontaine de la Carrosse* [1].

La cloche d'argent.

Autrefois du temps des seigneurs, on dit qu'il y avait une *cloche d'argent* au clocher de l'église seigneuriale de Rougemont, et que, pendant une guerre qui ravagea le pays, cette cloche d'argent avec quantité d'objets précieux, fut jetée dans un puits large et profond qui existait dans la cour du castel. Ce puits est comblé depuis des siècles, et l'on croyait encore, il n'y a pas longtemps à Rougemont, qu'en vidant ce puits taillé dans le roc on retrouverait la *cloche d'argent* [2].

1. La même légende appelée « Le trou de la Dame » se raconte à Bavilliers (Territoire de Belfort).
2. Une tradition semblable existe à Sermange (Jura) et se retrouve dans un grand nombre de lieux anciens. Il existe d'ailleurs à Rougemont même une autre légende de « la cloche d'argent » qui semble avoir échappé à Thuriet. J'ai recueilli, en effet, dans un vieux manuscrit concernant la chapelle de Saint-Hilaire une légende qui rapporte que, dans l'espace compris entre l'église et Montferney, serait enfouie une cloche provenant de la chapelle enterrée pour échapper à l'envahisseur, *cloche dont le métal serait en majeure partie de l'argent.*

Le moulin Saint-Martin.

Dans la seconde moitié du IVe siècle, saint Martin évêque de Tours, se fit en quelque sorte l'apôtre de toutes les Gaules. Partout où il passait, il savait remplacer par des monuments chrétiens les édifices affectés aux idoles du paganisme. Dans le tronc d'un vieux chêne au pied duquel les Druides avaient exercé les pratiques de leur culte sanguinaire, saint Martin plaçait une madone ou un crucifix et le peuple de la contrée, converti par ses prédications, venait adorer le vrai Dieu dans l'endroit même où jadis l'idolâtrie l'avait convoqué à de monstrueux sacrifices. Ailleurs, un temple païen était transformé en église catholique sous le vocable d'un grand saint ou d'un illustre martyr.

On ne peut douter que saint Martin soit venu dans la Séquanie, car il y a laissé en maint endroit des souvenirs vivants de son passage dans les traditions populaires qui sont parvenues jusqu'à nous.

N'exigeons pas pour ces vieux récits la scrupuleuse exactitude de l'histoire. Contentons-nous de les raconter tels que nos pères nous les ont transmis.

Saint Martin monté sur son cheval, d'autres disent son âne, vint un soir frapper à la porte d'un petit moulin. On l'y reçut cordialement. Ce moulin situé sur le ruisseau de Rougemont, en aval du bourg, existe encore aujourd'hui et s'appelle le *Moulin Saint-Martin.*

Non loin de là, il y avait un temple païen très fameux, appelé Naon, vraisemblablement du grec Naos qui signifie temple. Saint Martin comprit que le hasard seul ne l'avait pas conduit en ce lieu et qu'il y avait quelque chose d'important à y faire. Comme il avait le don des miracles il en fit plusieurs et convertit bientôt ses hôtes et tous les autres habitants du pays. Le temple païen de Naon fut par lui purifié et converti en une église, sous le titre du Saint-Hilaire de Poitiers qui venait de mourir en odeur de sainteté. L'église de Saint-Hilaire ou de Naon, fondée par Saint Martin au IVe siècle sur le territoire de Rougemont subsiste encore présentement. Elle a dit-on, dans le pays plus de mille ans d'existence. Sur une pierre de l'autel on retrouva naguère cette inscription : *Martinus. Turonensis. Episcopus. Me. Consecravit.*

La statue miraculeuse de Sainte-Agathe.

Le 6 février 1877, j'ai dû me transporter pour une apposition de scellés dans la maison d'un sieur Parachef [1], de Rougemont, située au sommet de la colline de Rougemontot et faisant face à l'angle nord du cimetière.

Les personnes de la famille qui nous accompagnaient dans notre opération ne tardèrent pas à remarquer que je considérais avec attention une petite statue posée sur une console contre la muraille de la salle à manger.

— Vous regardez notre sainte Agathe, me dit le père de famille ?

— Oui, répondis-je, elle est en bois. Elle n'est pas très jolie, mais elle doit être fort ancienne. Par la place même qu'elle occupe dans votre demeure je suis convaincu que vous honorez beaucoup cette sainte.

— Ah ! c'est que, monsieur le Juge, me répondit un des enfants, notre statue de sainte Agathe fait des miracles. Elle en a fait beaucoup que nous pourrions vous raconter. Nous vous dirons seulement qu'un jour, un vitrier vint ici pour remettre une glace à cette croisée. Il eut l'air de se moquer de notre sainte Agathe. Mais à l'instant où il coupait le dernier côté de la vitre avec son diamant, il tomba sans connaissance sur le plancher. Pendant plus de deux heures on crut qu'il allait mourir. Mais en demandant pardon à sainte Agathe qu'il avait offensée, le vitrier recouvra soudain la force et la santé. En sortant de la maison il ne se cachait pas pour dire à tout le monde que sainte Agathe l'avait puni et qu'elle l'avait sauvé.

Beaucoup plus ancienne que la maison Parachef qui a cent ans (elle est de 1777) la statue de sainte Agathe provient peut-être de l'église de la Très Sainte Trinité qui existait autrefois sur l'emplacement du cimetière et qui est tombée en ruine à une époque inconnue (voir la vie de sainte Agathe).

On s'explique difficilement chez nous la popularité de cette vierge de Palerme qui mourut en prison après avoir souffert

1. C'est Charles Thuriet qui parle.

d'horribles tourments pour n'avoir pas voulu condescendre à l'amour de Quintien, gouverneur de Sicile, l'an 251 de Jésus-Christ.

Le bois du Juif.

Un seigneur de Rougemont, dont le nom n'est pas connu, ayant besoin d'une certaine somme d'argent, un Juif de Vesoul, établi à Rougemont la lui prête en exigeant pour garantie la vente à réméré d'un immeuble important en nature de forêt.

Malgré le pacte de rachat qui avait été stipulé le seigneur eut mille peines de rentrer plus tard dans la propriété de sa forêt, parce qu'il avait laissé passer de quelque jours le terme fixé pour l'exercice de la faculté de rachat. Il fallut accepter les rigoureuses conditions proposées par le Juif pour rentrer dans le fond qui depuis ce temps-là s'est appelé le *Bois du Juif*[1].

La ruelle du Sabbat.

Le bourg de Rougemont, dans l'ancien Comté de Bourgogne, possède depuis le xive siècle, une rue qui porte le nom de rue des Juifs à cause des établissements de commerce que les Juifs marchands y avaient faits à cette époque.

A l'extrémité de cette rue, le plan cadastral figure une ruelle étroite, tortueuse et rapide qui aboutit à l'est du cimetière sur la hauteur de Rougemontot et des Gratteries. Cette ruelle est appelée d'ancienneté, la Ruelle du Sabbat.

Voici de quelle façon on explique l'origine de cette singulière dénomination.

Il y a cent ans et plus [2] qu'une femme surnommée la sorcière a été trouvée morte un dimanche matin dans cette ruelle qui ne portait aucun nom. Appelé à faire la levée du cadavre, le prévôt de Montbozon s'enquit des faits et gestes habituels de la défunte et des dernières circonstances de sa vie.

1. Ou « Bois Juif ».
2. Cette légende a été recueillie en 1873.

Elle était étrangère au pays et veuve, soi-disant depuis longtemps, d'un sieur Grégoire, mais c'était le cas de dire comme la chanson :

« D'un certain époux
« Bien qu'elle pleurait la mémoire
« Personne de nous
« N'avait connu le défunt Grégoire ».

Elle avait une figure qui faisait peur aux enfants du quartier, surtout lorsqu'elle leur racontait des histoires de sorciers et de revenants. Comme elle parlait souvent du sabbat et qu'elle dépeignait avec des détails minutieux les prétendues scènes de ces comédies diaboliques, affirmant que le sabbat se tenait le samedi de chaque semaine, à minuit, sur un grand poirier qui existait alors au-dessus des Gratteries, et que bien des gens de Rougemont y allaient, des hommes à l'insu de leurs femmes et des femmes à l'insu de leurs maris, on l'avait surnommée la sorcière et on l'accusait tout bas de hanter le sabbat.

La veille au soir on avait entendu chez elle des bruits extraordinaires, les voisins en avaient été réveillés en sursaut dans leur lit ; plusieurs pierres de la cheminée gisaient dans les cendres de l'âtre et avaient dû y tomber pendant la nuit. On voyait encore sur ces cendres l'empreinte du pied de la défunte près d'une marmite renversée et, tout à côté une empreinte moins nette que plusieurs témoins dirent être celle d'une griffe ou d'un pied fourchu. Enfin une commère fit remarquer aux sergents, dans l'angle de la cheminée, une *remesse* (un balai) qui paraissait veuve de son manche depuis peu de temps. On trouva aussi dans un petit pot caché dans une niche, près de l'âtre, une graisse rance dont il semblait qu'un doigt crochu avait naguère enlevé une partie notable.

Les interrogatoires du prévôt étant achevés, le peuple crut sans peine que la sorcière avait été emportée par le diable et qu'elle s'était rompu le cou en revenant du sabbat ou en y allant dans cette ruelle voisine de sa demeure.

On ne jugea pas toutefois opportun de faire le procès au cadavre de la sorcière qui fut *sub conditione* enterré au son de la cloche et avec les pompes et prières de l'église. Mais en souvenir de cette tragique histoire, la ruelle sans nom où le corps de la sorcière fut trouvé gisant, s'est appelée depuis : *la ruelle du sabbat.*

La Vogeotte ou la petite dame verte.

On trouve en Franche-Comté une quantité considérable de traditions ayant trait au mythe de la Dame Verte à laquelle on fait jouer des rôles divers, suivant le site où l'on place sa résidence.

La Dame Verte est quelquefois la reine des prairies et des bois, la déesse-fée des arbres et des fleurs, à la taille svelte et gracieuse, aux grands et doux yeux bleus, au doux sourire. Quand elle passe les fleurs s'inclinent devant elle, l'herbe se parfume sous son pied de rose et les ramures des arbres l'effleurent avec un frémissement de bonheur.

Tout près de Rougemont, entre Cuse et Adrisans, il existe un petit pont sur le ruisseau, où l'on dit que se tient toujours cachée une petite dame verte appelée la *Vogeotte.* Jalouse de toutes les mères qui ont de beaux enfants, elle épie à toute heure les petits êtres blonds et roses qui vont folâtrer seuls sur le pont et sur le bord du ruisseau.

On assure que *la Vogeotte* est armée de longs crochets dits *grappins* avec lesquels elle peut saisir les enfants par les plis de leurs blouses, pour les attirer dans l'eau et les faire manger à ses poissons.

Le vin de Champoté et la vigne de Charles Quint.

Il y a, à Rougemont, un coteau de vigne qui a conquis depuis longtemps une bonne réputation. C'est la côte de *Champotey* [1] sur le flanc oriental de Montaucivey où l'on désigne encore sous le nom de *vigne de Charles Quint* un quadrilatère régulier d'excellent cépage, appartenant aujourd'hui à divers particuliers.

En 1555, Guillaume de Nasseau, l'héritier de la puissante maison de Châlon, était seigneur de Rougemont et de beaucoup d'autres lieux. Il eut un jour à recevoir dans son château l'empereur Charles Quint, dont il était le vassal. Afin de traiter dignement

---

1. Champôtey ou Champôté.

son suzerain, le sire de Rougemont avait fait venir de tous les bouts du monde les mets les plus rares et les vins les plus exquis. Charles Quint donna la préférence sur tous ces vins à celui de Champotey et manifesta le désir d'acheter pour lui-même la vigne qui le produisait. Or, cette vigne, qui est peu éloignée de l'endroit où s'élevait le château de Rougemont, appartenait au seigneur Guillaume qui s'empressa de l'offrir à Charles Quint. Jamais Charles Quint n'en tira le produit, car peu de temps après, il fit remise de la Franche-Comté à Philippe II, roi d'Espagne, et il oublia sans doute la vigne qui lui appartenait à Champotey, car personne ne l'a jamais réclamée en son nom. C'est toutefois depuis cette époque que cette portion du vignoble de Champotey s'appelle *la vigne de Charles Quint*. Quand j'habitais le beau et bon pays de Rougemont, le vin de Champotey s'y célébrait sur tous les tons. Les légitimistes, les républicains, les bonapartistes égayaient à l'envie leurs festins par des refrains où ce vin jouait le principal rôle. C'est ainsi que les légitimistes, et il y en avait dans la localité, chantaient sur l'air du *Roi Dagobert* :

> Ah ! si dans l'avenir
> Le drapeau blanc peut revenir,
> Nous serons trop heureux
> Nous et nos arrières-neveux,
> Quand le roi viendra
> Alors on fera
> Couler tour à tour
> La nuit et le jour,
> Pour boire à sa santé
> Le joli vin de Champôté.

De leur côté, les républicains, et ils étaient nombreux, s'écriaient sur le même air :

> Que si le jeu du sort
> Vient à nous imposer Chambord,
> Malgré nos droits conquis
> Sur les curés et les marquis,
> Maudissant le roi
> Qui nous fait la loi,
> Dans nos gais repas
> Nous ne ferons pas

Pour boire à sa santé
Couler le vin de Champôté.

Et les bonapartistes qui osaient encore lever la tête, leur répondaient, sans changer de ton ni d'air :

Ah ! si l'heureux destin
Ramène en France un beau matin,
Sur son char triomphal
Un vaillant prince impérial,
Nous le recevrons
Au son des clairons
Et nous n'aurons pas
Dans nos grands repas
Pour boire à sa santé
Assez de vin de Champôté.

Et tous les partis chantaient quelquefois à l'unisson :

Après tant de malheurs
Nous reverrons des jours meilleurs,
Le jour où sur le Rhin
Nous reprendrons notre terrain,
Aux braves soldats
Marchant aux combats
Nous verserons tous
Sans compter les coups
Pour boire à leur santé
Le meilleur vin de Champôté.

Metz, Colmar et Strasbourg
Comptent bien sur notre retour,
Une immense clameur
Saluera le Français vainqueur,
Les Prussiens battus
Rendront nos écus
Ce temps n'est pas loin
Gardons avec soin
Pour le boire en gaîté
Tout notre vin de Champôté [1].

1. Dans « Promenades en Franche-Comté » (Editions Servir 1946), le chanoine L. Boillin rapporte que l'abbé Courtalon qui possédait alors une partie de la vigne de Charles Quint, lui a fait goûter du vin de cette vigne et lui a raconté cette légende.

La quittance d'outre-tombe.

C'était dans le cours d'un hiver rigoureux. La misère était grande dans toute la contrée et les Cordeliers de Rougemont avaient épuisé leurs dernières ressources pour nourrir les pauvres du quartier. Il fallait encore absolument quelques centaines d'écus pour subvenir aux besoins pressants de la population et pour atteindre la belle saison. Or, il y avait en ce temps-là à Rougemont, un homme riche appelé Mathieu qui était très avare et qui, malgré ses sentiments de piété et de bonne foi chrétienne ne déliait jamais qu'avec peine les cordons de sa bourse pour faire la charité. Il ne pouvait digérer cette créance si certaine de notre religion que Dieu rend au centuple l'aumône faite aux nécessiteux. Cependant, sur la bonne foi du révérend père Claude qui l'en assurait, il lui bailla trois cents écus pour ses pauvres et prit cédule de lui que J. C. le lui rendrait selon le texte de l'Evangile. Un article de son testament prescrivait à ses héritiers d'enterrer avec lui l'obligation du R. P. Claude. Quelques années après, Mathieu ayant été trouvé mort dans sa vigne de Champôtey, il fut enterré comme il l'avait enjoint. Peu de jours après, un soupçon de mort violente étant arrivé jusqu'à la prévôté, on exhuma le corps de Mathieu, sur lequel on ne reconnut pas le plus léger signe de meurtre, mais voilà que tirant des mains du mort la cédule que ses héritiers y avaient mise on en trouva la quittance au bas :

« Je confesse avoir reçu tout ce qui m'a été promis au contenu ci-dessus par le R. P. Claude, et l'en tiens quitte, en foi de quoi j'ai soussigné cet écrit de ma main. »

(Récit du père Prévotet qui disait l'avoir lu dans un vieux grimoire).

PATOIS ET GLOSSAIRE DE MOTS LOCAUX

Patois.

Le patois, longtemps, fut à Rougemont la principale langue parlée. En 1910 qui parlait encore patois ?

Nous étions déjà à la deuxième, voire à la troisième génération de l'école obligatoire pour tous. Les instituteurs, quoique Comtois, s'efforçaient depuis plus de trente ans de combattre l'emploi du patois, si bien que les enfants de ma génération considéraient, à tort, avec un peu de mépris ceux qui le parlaient encore.

Dans toutes les familles bourgeoises, on parlait français ; chez les vignerons et les paysans les grands-parents, entre eux, parlaient patois, les parents parlaient français avec leurs enfants, mais souvent pour les travaux de la vigne ou de la ferme et avec leurs animaux ils parlaient patois.

Le patois n'était pas écrit, c'était une langue de tradition orale ; aussi chaque village — chaque famille même — avait ses intonations propres, ce qui faisait dire que chaque village avait son patois. A la vérité, les mêmes mots se retrouvaient avec des variations infinitésimales de sons et de sens dans tous les villages voisins. C'est ainsi que mon père parlait parfois patois avec ses clients cultivateurs, or il était originaire de Vregille, en Haute-Saône, et ils se comprenaient parfaitement.

Quel était donc le patois de Rougemont ? Pour répondre à cette question, il faudrait, comme l'ont fait tant d'autres, écrire un livre, et je n'ai en la matière aucune compétence. Je comprends le patois, mais je ne sais pas le parler ; je me contenterai donc, sur ce sujet, de quelques remarques et de quelques exemples.

Le patois de Rougemont possède trois a, trois e, deux i, deux o, deux u.

Le premier à est bref comme le a de mari, le deuxième a long et fermé comme dans pâte, le troisième a long et ouvert déjà proche du è.

Le premier è est bref et ouvert, le deuxième é est moyen, intermédiaire, le troisième é est fermé.

Un i est bref et moyen comme dans filer, l'autre i est long et fermé comme dans pie.

Deux o, un ô bref et moyen comme dans orage, un o long et fermé comme dans côte.

Deux u, un ù bref et moyen comme dans hutte, un ù long et fermé comme dans bue, boue.

A ces voyelles classiques s'ajoutent cinq voyelles nasales différentes des voyelles nasales du français ou même qui n'existent pas en français et trois semi-voyelles : w comme dans ouate, w comme dans huile, y comme dans yeux.

La plupart des consonnes ont la même valeur qu'en français, quelques consonnes palatales doivent être marquées au-dessous d'un point *t d n l k g*. Certaines : dj et tc correspondent au j et au ch français.

Ces données générales étant fixées, je me contenterai de quelques exemples simples, sans prétendre, j'en serais incapable, à présenter un glossaire du patois de Rougemont.

Pour les paysans, le temps était capital. Quand le temps se met à l'orage, ils disent :

— lu tâ s kuvr (le temps se couvre).

Si la foudre est tombée :

— lu tônar è tcu (le tonnerre est tombé).

Quand le temps redevient beau :

— lu tâ s'kyèci (le temps s'éclaircit).

Les paysans aimaient les dictons, chaque mois avait les siens. En février, on disait :

— kàt li myàl tcàt â foèvrï, tù sèdj fermï rmôt lï bruc cu lu sulï

(Quand le merle chante en février, tout sage fermier remonte les débris de foin sur le solier).

S'il pleut à la Saint-Médard (8 juin), on dit qu'il pleut pendant quarante jours, sauf s'il fait beau à la Saint-Barnabé (11 juin). C'est ainsi qu'on dit à propos de Saint-Barnabé, en parlant de Saint-Médard :

— è lu brùl u bè è lu nwèy

(il le brûle ou bien il le noie).

Lorsqu'un paysan voyait les alouettes s'envoler au-dessus de son champ de blé et s'élever haut dans le ciel, il disait :

— lèz alùvot vùlà tudj ya pèskèl và bwèr juska deu di tà

(les alouettes volent toujours haut parce qu'elles vont boire jusqu'au dessus du temps (ciel).

Quand les vaches ont faim et qu'elles beuglent, le paysan dit :

— lè bèt bréyâ, è fà zï bèyi è mèdji

(les bêtes braillent, il faut leur donner à manger).

A Nans, village voisin de Rougemont, il y a un rocher à pic ; aussi nos gens disent de quelqu'un qui fait le malin, qui est *glorieux* :

— lèyi lû far, è n'vo pè tiri è và la revète de nâ

(laissez-le faire, il ne veut pas tirer à val (à bas) les roches de Nans).

Glossaire de mots locaux.

Si le patois était en voie de disparition, on parlait cependant à Rougemont un français régional, un français de transition bourré de mots comtois dérivés du patois que certains appellent des « provincialismes » ou des « régionalismes ».

Ces mots comtois en usage dans toute la Franche-Comté se comptent par milliers, recueillis dans de nombreux glossaires locaux. Je regrette que jusqu'ici aucun travail de généralisation sérieux n'ait été entrepris pour recueillir et conserver ces mots comtois en en recherchant l'origine.

Dans les pages qui précèdent figurent de nombreux de ces mots dont le sens a été donné au fur et à mesure. Dans le langage courant, on en employait beaucoup d'autres ; j'en ai recueilli, en dehors de ceux déjà cités, environ trois cents qui s'emploient toujours et qui viennent naturellement aux lèvres dans des cas déterminés, en présence de n'importe qui.

A

Aboucher, v.a. : mettre un objet sur un autre. Tomber en avant.
Aboutonner, v.a. : pour boutonner « *aboutonner* les boutons d'une veste ».
Afflé, adj. : éventé. « Ce vin est *afflé* ».
Agasse, n.f. : pie.
Agraffer, v.a. : saisir, prendre.
Agripper, v.a. : même sens que le mot précédent : saisir, prendre.

D'un avare, d'un usurier on dit : « c'est un agrippe-sous ».
Aider (s'), v.a. : s'en tirer seul, par ses propres forces.
Aigre (faire) : faire *aigre*, c'est se servir d'un levier pour soulever un fardeau, pour augmenter une force appliquée à une résistance.
Appointer, v.a. : tailler en pointe. Aiguiser.
Appondre, v.a. : relier. Nouer bout à bout deux morceaux de fil.
Argonnier, n.m. : mauvais charretier, par extension, mauvais ouvrier.
Arrête, part. pas. : pour arrêté.
Avantage : dans l'expression : « un habit fait à *l'avantage* » par exemple pour un enfant appelé à grandir.
Aveuglotte (à l') : marcher à *l'aveuglotte*, marcher sans voir clair.
Avoiner, v.a. : donner au cheval son avoine. Par extension, nourrir convenablement les gens.

B

Barbouille (à) : il lui en donne à *barbouille*, en quantité.
Barder, v.n. : se dit des roues arrières d'une voiture qui glissent, qui ne tournent pas.
Barrelot, n.m. : petite barrière à claire-voie, mise devant une porte pour empêcher les enfants de sortir.
Batture, n.f. : le liquide qui reste quand le beurre est battu.
Beau faire : dans l'expression : j'en ai beau faire, j'en ai de quoi faire, j'en ai presque trop.

Belin, n.m. : bélier.

Besiller, v.n. : caracoler, courir follement. Se dit des vaches lorsqu'elles sont en gaieté ou harcelées par les taons.

Beugne, n.f. : une bosse à la tête, « je me suis fait une *beugne* ».

Beuiller, v.a. : ouvrir de grands yeux étonnés, ou regarder avec envie.

Beuillot, n.m. : œil de bœuf.

Beuzon, n.m. : homme borné, ahuri, peu sociable.

Blesson, n.m. : poire sauvage.

Blessonnier, n.m. : poirier sauvage.

Boquer, v.a. : embrasser.

Boquereller, v.n. : bégayer. A donné *boquerelleur* : bègue.

Boquot, n.m. : un baiser. « Donner un gros *boquot*. »

Bot ou *Bô*, n.m. : gros crapaud. Se dit aussi d'un homme épais, trapu. *Pied-bot* a la même origine.

Bottet, n.m. : ce dit d'un petit enfant ou d'un petit homme.

Boucle, n.f. : avoir des boucles aux mains, des ampoules.

Bouille, n.f. : hotte de bois pour porter le raisin, ou de métal pour porter le lait.

Bouquin, n.m. : bouton de fièvre à la lèvre.

Bourriauder, v.a. : malmener, bousculer, ennuyer quelqu'un.

Bredole, n.f. : femme un peu sotte qui parle à tort et à travers mais sans méchanceté.

Bresi, n.m. : viande de bœuf salée et fumée.

Brindesingue : dans l'expression : « il est brindesingue », il est ivre. Par extension : il est fou.

Brelu : myope, qui ne voit pas très clair.

Bringue, n.f. : grande femme un peu folle ; ou noce, beuverie : faire la bringue.

Brique, n.f. : morceau : « une brique de pain ». D'une assiette cassée, on dit : « elle est en briques ».

Brocher, v.a. : tourner les roues avant d'une voiture pour changer de direction.

Broyer, v.n. : abîmer les récoltes en marchant à travers.

Brûle : pour brûlé : « ça sens le brûle ici ».

Butin, n.m. : linge et vêtements du ménage et par extension tout le bien possédé par quelqu'un. D'un homme riche, on dit : « Il a du butin ».

C

Cabe, n.f. : chèvre.

Caboulot, n.m. : placard dans le mur.

Cacouiller, v.n. : patauger, barbotter dans l'eau.

Camber, v.a. : enjamber.

Campenotte, n.f. : jonquille.

Cancoine, n.f. : hanneton.

Canne, n.f. : robinet de bois, « la canne d'un tonneau ».

Capucin, n.m. : lièvre, sans doute en raison de la robe grise.

Carcan, n.m. : un vieux cheval.

Carne, n.f. : mauvaise viande. Par extension : une vieille bête.

Carré, n.m. : oreiller.

Cassement (de tête) : quand on a des ennuis, on dit : « j'ai des *cassements* de tête.

Catiche, n.f. : catin.

Catrouiller, v. : marcher difficilement, en écartant les jambes.

Cautaine, n.f. : femme qui aime à cancanner.

Cavaler, v.n. : courir à toutes jambes.

Cambiller, v.n. : tituber. On dit aussi *gambiller.*

Chapuser, v.a. : faire le travail de chapus, du menuisier.

Charger une maladie : tomber malade. On dit aussi « attraper une maladie ».

Charpine ou *Charpigne,* n.f. : espèce de panier.

Charris, n.m. : hangar pour les voitures, les chariots.

Chasal, n.m. : vieille maison en ruine ou dépotoir.

Chatenière, n.f. : trou au bas d'une porte pour le passage du chat.

Chenil, n.m. : poussière, saleté. « Balayer le chenil », « Avoir un chenil dans l'œil ».

Chiot de mouche : crotte de mouche.

Chipoter (se) : se disputer avec quelqu'un.

Choc : exclamation signifiant : « que c'est chaud ».

Chouk : exclamation signifiant : « que c'est froid ».

Choucot, n.m. : bouquet, « un choucot » de noisettes.

Chouigner, v. : pleurer.

Chtel : le bail à *chtel* (cheptel) est celui qui consiste pour un propriétaire à prêter une bête à un paysan qui l'élève. A la vente on partage le bénéfice.

Clairer, v.n. : être allumé, « la lampe claire », « le feu de la cheminée claire bien ».

Coquelle, n.f. : casserole en fonte ou en terre généralement à trois pieds. Une petite *coquelle* est un *coquelon*.

Corne, n.f. : couenne de lard.

Corps (de fourneau), n.m. : tuyau de poêle.

Cosse, n.f. : courge, citrouille.

Cotis, n.m. : côte de porc.

Couvert, n.m. : couvercle. Se dit aussi du toit de la maison.

Cramaillot, n.m. : pissenlit.

Cramper, v.n. : se cramper, se cramponner.

Crapé, n.f. : crêpe.

Crépi, n.m. : crépissage.

Crevure, n.f. : bête très maigre, donnant l'impression qu'elle va crever.

Cude ou *Cuderie*, n.f. : sottise.

Cudot, n.m. : qui fait des cudes. Homme entreprenant à qui rien ne réussit.

Cuite, n.f. : avoir une cuite, être ivre.

Cul de chien, n.m. : nèfle.

D

Dèdvenir, v.n. : maigrir, dépérir.

Dégouliner, v.n. : couler goutte à goutte.

dépendeur d'andouille, n.m. : grand flandrin, homme grand et maigre.

Déranger (se) : prendre de mauvaises habitudes. Par exemple boire ou courir.

Détour, n.m. : entorse, foulure, « je me suis donné un détour ».

Devinotte, n.f. : devinette.

Diner, n.m. : c'est le repas de midi. Le repas du soir est le souper.

Dondaine, n.f. : grosse femme. « Grosse dondaine » a le même sens que « grosse dondon ».

Donner garde (se) : éviter de...

Douzil, n.m. : petite cheville de bois pour boucher un trou du tonneau ; un fausset.

Dru, adj. : on dit d'oiseaux qui ont leurs plumes « ils sont drus ».

E

Ebluette, n.f. : éblouissement, « avoir des ébluettes ».

Echaille, n.f. : écharde.

Echaulon, n.m. : noix fraîche qui a encore son écale.

Ecouter (s') : prendre ses maux trop au sérieux.

Ecressi(e), adj. : petit, maigre. Enfant malingre.

Egralir (s'), v. : se disjoindre, se détendre. Se dit d'un tonneau.

Emeiller (s'), v. : s'émouvoir. Avoir des craintes au sujet de quelque chose.

Embosser, v.a. : remplir une bosse avec un entonnoir.

Embruer, v.a. : mettre en mouvement, le contraire est *debrué* (embrayer, débrayer).

Empaturer (s'), v. : se prendre les pieds dans quelque chose. Par extension : encombrer, être toujours dans les pieds des gens.

Enfantômé : ennuyé. Au sens littéral : qui voit des fantômes.

Enfle, adj. : pour enflé, « je suis tout enfle ».

En mal (l') : le mal du pays.

Ensaigner, v.a. : ensanglanter.

Entrain, n.m. : train, affaire. « C'est tout un entrain. » C'est une entreprise compliquée.

Etaule, n.m. : champ de céréales fauché et non déchaumé.

Environ, n.m. : grosse vrille, tarière.

Epingles : « avoir les épingles », se dit quand on a la main ou le pied engourdi. On dit aussi « avoir les fourmis ».

Equisser, v.a. : éclabousser. Lancer de l'eau avec une seringue.

Etelle, n.f. : éclat de bois.

Etre sur soi : c'est cultiver la terre dont on est propriétaire.

F

Feignant, n.m. : fainéant, paresseux.

Fier, adj. : acide, « un vin fier ».

Filette, n.f. : rouet à filer.

Floppée, n.f. : grande quantité.

Fois (à la) : ensemble.

Fosser, v.a. : fosser le lit, c'est le border.

Foussotte, n.f. : le derrière de la tête. « Il m'a donné un coup sur la foussotte. »

Foyard, n.m. : hêtre.

Fregonner, v. : remuer le feu.

Freguiller, v.n. : remuer, frétiller.

Frelade, n.f. : un feu vif. « Faire une bonne frelade. »

Freler, v.n. : brûler.

Fricot, n.m. : fricassée. « Faire du bon fricot », c'est faire de la bonne cuisine.

Froucasse, adj. : étourdi, brusque dans ses mouvements.

Frouiller, v.n. : tricher au jeu.

Frousse, n.f. : peur. « Avoir la frousse. »

G

Gâ : exclamation donnant de la force à une affirmation, « Gâ le voilà ».

Gaichon, n.m. : garçon. A donné *gaichenot* : petit garçon.

Galandure, n.f. : cloison.

Galapiat, n.m. : mauvais garçon. Galopin.

Gargotte, n.f. : gosier, gorge.

Gaudes, n.f.pl. : bouillie de farine de maïs grillé. Plat national des Comtois.

Gaupé, part. pas. : mal habillé.

Gavouiller, v.a. : barboter, remuer l'eau avec les mains.

Gicler, v. : lancer, faire jaillir. « En *tripant* le *gouillat*, je me suis fait *gicler* de l'eau à la *foussotte*. »

Giffles, n.f.pl. : enflures des joues, oreillons, « avoir les giffles ».

Gigue, n.f. : pour gigot.

Glinglin, n.m. : le petit doigt.

Godailler, v.n. : boire souvent.

Gonfle, adj. : pour gonflé. « Etre *gonfle* », c'est avoir le ventre ballonné.

Gouilland, n.m. : mauvais sujet.

Gouillander, v.n. : faire le mauvais sujet.

Gouillandise, n.f. : débauche.

Gouillat, n.m. : flaque d'eau.

Gouine, n.f. : fille de mauvaise vie.

Goumeau, n.m. : pâte sucrée qu'on étend sur les gâteaux.

Goumer, v.n. : tremper. Retendre un tonneau desséché en le mettant dans l'eau.

Gouri, n.m. : petit cochon.

Grappe, n.f. : crochet pour marcher sur la glace.

Grapper, v.a. : on grappe les chevaux pour qu'ils ne glissent pas sur le verglas.

Grebeusse, n.f. : écrevisse.

Gremeaux, n.m. : grumeaux.

Grésiller, v.n. : pétiller en brûlant, « le feu grésille ».

Greviller, v.a. : gratter, chercher en grattant.

Grièche, adj. : un fruit *grièche*, un fruit aigre.

Griller, v.n. : sonner.

Grillot, n.m. : grelot.

Grimoner, v.n. : murmure, grommeler.

Gruler, v.n. : grelotter, « j'ai froid, je grule ».

Guibaule, n.f. : jambe.

Guigne, n.f. : bosse à la tête.

Guille, n.f. : crotte, excrément : guilles de brebis, guilles de porc.

Guilleribouton, n.m. : le fruit de l'églantier.

H

Haut-mal : épilepsie, « tomber du haut-mal ».

Hivernage, n.m. : une maison est à l'hivernage quand elle est au nord.

I

Iodot, n.m. : diminutif de claude. Niais, idiot.

J

Jeannette, n.f. : narcisse.

Joume, n.f. : la mousse d'un liquide.

Journal, n.m. : mesure de surface pour les champs valant environ un tiers d'hectare.

L

Là-moi ou *las-moi* : hélas ! Exclamation de pitié pour soi et pour
les autres.

Laiche, n.f. : fourrage de peu de valeur.

Larmier, n.m. : soupirail de cave.

Là où ? : pour où : « Là où allez-vous ? ».

Lapinière, n.f. : cabane à lapins. Clapier.

Lave, n.f. : pierre plate qui servait à couvrir les toits.

Lécher, n.m. : nourriture des vaches faite de graines de foin avec
du sel et des betteraves coupées en morceaux, le tout arrosé
de petit lait et d'eau.

M

Mafi : exclamation pour : ma foi ! « Mafi oui ! »

Magnin, n.m. : chaudronnier ; raccommodeur d'ustensiles de
ménage.

Magnin, n.m. : croûte du nez.

Mailler : v.a. : tordre.

Maitre (à) : dans l'expression « aller à maître », au service de
quelqu'un.

Malavisé : ayant de mauvaises intentions.

Maon, n.m. : gésier des volailles.

Marteau, n.m. : molaire, « arracher un marteau ».

Maux (avoir des) : avoir des difficultés dans son travail, dans sa vie.

Mécanique, n.f. : dispositif de freinage d'un chariot de culture.

Menée, n.f. : congère, « une menée de neige ».

Meurette, n.f. : matelotte. Une meurette est un civet de poissons.

Michotte, n.f. : petite brioche.

Miguer, v.n. : guetter. Regarder du coin de l'œil.

Montagnon, n.m. : habitant de la montagne du Doubs, s'oppose
à *Pays-Bas*, habitant des vallées de l'Ognon et de la Saône.

Mortes, n.f. : grandes flaques d'eau qui restent dans les prés après
une inondation, ou petits étangs.

Mouillotte, n.f. : vin sucré dans lequel on trempe du pain.

Mournifle, n.f. : gifle ; claque sur la figure.

Mourre, n.m. : muffle, museau des animaux.

Murger, n.m. : mur en pierres sèches ou tas de pierres dans les vignes et les champs.
Murie, n.f. : charogne.

N

Nailles, n.f. : dragées ; « au baptême, on jette les nailles ».
Nian-nian, n.m. : ce dit d'un niais, d'un idiot.
Niau, n.m. : œuf qu'on met dans le nid des poules pour les faire pondre.
Nique, n.f. : morve ; « il a la nique au nez ».
Niquedouille, n.m. : imbécile, niais. Composé de nigaud et andouille.
Nun : personne ; « il n'y a nun » : il n'y a personne.

O

Oquel, n.m. : un importun.
Ouillotte, n.f. : oie.
Ouicotte, n.f. : petite brioche.
Outau, n.m. : pièce principale de la maison, la cuisine.
Ouvrée, n.f. : mesure de vigne valant 4 ares 44.
Oye : exclamation de douleur.

P

Padyé : pardi.
Paipai ou *Pépet*, n.m. : farine bouillie et sucrée. Mets des enfants qui commencent à manger.
Pantet, n.m. : chemise, plus précisément le pan de la chemise.
Patapouf, n.m. : gros homme : « c'est un gros patapouf ».
Patte, n.f. : chiffon.
Pattier, n.m. : chiffonnier.
Pe : vilain, laid. « Oh ! le pe. »
Peignot, n.m. : fruit du chardon à foulon.
Penguiller, v.n. : pendiller.
Penguillon, n.m. : ce qui pend.

Pechigner, v. : manger sans appétit, en choisissant les morceaux du bout des doigts.

Pinçot, n.m. : « faire un pinçot », pincer quelqu'un.

Pique, n.f. : dans l'expression « à la pique du jour » : au lever du soleil.

Platine, n.f. : la plaque de cheminée.

Plie, n.f. : levée au jeu de cartes.

Plot, n.m. : billot, bloc de bois.

Plumon, n.m. : édredon plein de plumes, de poule généralement.

Pochon, n.m. : louche. Vient de poche.

Porche, n.f. : truie.

Pouih : interjection pour pouah !

Poulot, n.m. : coq. Parlant du coq du clocher, on dit : le poulot.

Poutot, n.m. : pot de terre, « le poutot pissero » : le pot de chambre.

Presson, n.m. : levier en fer dont se servent les carriers.

Prou : beaucoup, trop « j'en ai prou ».

Q

Quand : employé parfois dans le sens d'en même temps : « on se couche *quand* les poules ».

Quartilage, n.m. : gros bois que l'on fend en quatre pour le brûler.

Quatre heures (faire les) : goûter.

R

Radoux, n.m. : abaissement de la température : « après la gelée », c'est le *radoux*.

Raim, n.m. : petites branches dont on fait les fagots.

Raisons, n.f.pl. : prétextes à disputes, « on ne se *cause* plus, on a eu des raisons ».

Ramesse ou *Remesse*, n.f. : balai.

Rampô ou *Rampeau (être)* : être à égalité dans un jeu.

Rancuser, v.a. : dénoncer ses camarades. Trahir.

Rapondre, v.a. : même sens que appondre (voir ce mot).

Raponse, n.f. : point de jonction de deux fils noués.

Ratte, n.f. : souris.

Ratrouper, v.a. : rassembler.

Ravauder, v.a. : marchander.

Rebouler, v.a. : « rebouler les yeux » : regarder de façon menaçante.

Récrier, v.a. : appeler quelqu'un de loin.

Reintri, adj. : ridé, « des mains reintries ».

Rémanents, n.m. : ce qui reste du bois après une coupe.

Rempichotter, v.a. : engraisser, remettre en état. D'un malade guéri, on dit : « il s'est rempichoté ».

Repiquer, v.a. : reprendre d'un plat.

Requillou, n.m. : filet au bout d'une perche pour soulever le poisson pris à la ligne.

Resiller, v.a. : ronger, mordiller comme une souris.

Ressauter, v.n. : trésaillir.

Riole, n.f. : histoire drôle. Petit conte.

Ripopette, n.f. : mélange de restes de vin.

Roi de guille, n.m. : le roitelet.

Ronde, n.f. ou *Rondot*, n.m. : petite cuve.

S

Sachot, n.m. : petit sac. Sachet.

Sarclette, n.f. : sarcloir. Instrument de jardinage.

Sèche, n.f. : gâteau sec fait avec de la farine, de l'eau, du beurre et du sucre.

Seillot ou *soillot*, n.m. : seau de bois.

Seillier, n.m. : rayon où l'on range les seillots.

Servisant, adj. : aimant à rendre service. Serviable.

Signole, n.f. : manivelle.

Sou ou *soue* ou *sout*, n.f. : l'écurie à cochon.

Souillon, n.f. : femme sale.

T

Taler (se), v. : se meurtrir.

Talure, n.f. : meurtrissure, « une talure au pied », « ce fruit a une talure ».

Taquer, v.a. : cogner, « je me suis taqué la tête ».

Tatôt, n.m. : débris de poterie cassée. Dépôt à ordures.

Taugnée, n.f. : volée de coups.

Tavillon, n.m. : planchette de bois dont on couvre un mur du côté de la pluie.

Tavin, n.m. : taon.

Temps, n.m. : est employé avec des sens divers. Le *premier temps*, c'est le printemps. Le *dernier temps*, c'est l'automne. Quand on dit : « il ne fait pas de temps », cela veut dire qu'il ne pleut pas. Si on dit : « il veut faire du temps », cela veut dire qu'il va pleuvoir.

Ticlette, n.f. : loquet de la porte ; « faire les *ticlettes* » : faire du porte à porte. Dans beaucoup de villages, on dit : *ticlet*, n.m.

Ticletter, v.n. : faire jouer la *ticlette*.

Tille, n.f. : petit bois, « une *tille* de sapins ».

Tillot, n.m. : tilleul.

Tirebouille, n.f. : culbute, « faire une *tirebouille* ».

Tope-là : c'est le signe d'un marché. Quand deux paysans traitent une affaire et qu'ils tombent d'accord, ils se frappent la main en disant : tope-là.

Topette, n.f. : petite bouteille.

Torchée, n.f. : les rejetons qui poussent autour d'un tronc coupé.

Tosser, v.a. : téter pour un bébé et boire pour un ivrogne.

Toupot, n.m. : touffe d'herbe.

Tourniole, n.f. : vertige, étourdissement.

Trage ou *Traige*, n.m. : passage pour piétons, il va d'une rue à une autre entre les maisons et les cours.

Trancher, v.n. : tourner, cailler ; « le lait est *tranché* ».

Trateler, v.n. : tituber ; « un homme ivre *tratèle* ».

Trempotte, n.f. : trempette.

Trésir, v.n. : sortir de terre, « la salade commence à trésir ».

Trifouiller, v.a. : prendre à la poignée et secouer avec fureur. A donné *trifouillée*, n.f.

Triper, v.n. : marcher dessus..., écraser avec les pieds.

Tronche, n.f. : grosse bûche de bois, « la *tronche* de Noël ».

Truerie, n.f. : saleté, cochonnerie. Vient de truie.

Tuner, v.a. : mendier.

Turquie, n.m. : maïs.

V

Vannotte, n.f. : panier en côtes de chêne et osier blanc qui sert
    à mettre lever la pâte de pain avant de l'enfourner.

Veillie, n.f. : liseron et d'une façon générale : les plantes grimpantes.

Verne, n.f. : aulne.

Virole, n.f. : mal blanc, panaris.

Vons : allons. « Vons nous en » : Allons nous en !

Vouerie, n.f. : bruit, tapage ; « quelle vouerie vous faites ».

Vouloir, v. : ce verbe est à l'origine de nombreuses expressions
    typiquement comtoises : « il veut pleuvoir », « il veut neiger »,
    « il veut tonner » pour : il va pleuvoir, il va neiger, il va tonner.
    On personnifie le temps. De la même façon, quand on a du
    mal à abattre un arbre, on dit : « il ne veut pas tomber » ou
    encore, d'un homme qui agonise : il veut mourir cette nuit », etc.

LA GUERRE...

Ainsi vivait mon village ! Dans la douceur de traditions et de coutumes séculaires, dans la stabilité et la sécurité.

Il conservait pourtant au cœur une plaie qui ne s'était jamais vraiment cicatrisée : le souvenir de la guerre de 1870-71 et la perte de l'Alsace-Lorraine. De Montaucivey, on regardait avec nostalgie « la ligne bleue des Vosges » toute proche. Je n'ai jamais assisté à un repas de famille, sans qu'à la fin, en se levant et en s'appuyant sur sa canne ma grand'mère dise, solennelle : « C'est autant que les Prussiens n'auront pas ». Dans mon village, comme dans tous les villages de l'Est, on était « revanchard ».

Et voici que l'assassinat de l'Archiduc François-Ferdinand d'Autriche, loin, là-bas à Sarajevo, le 28 juin 1914, allait être le prétexte de la guerre. Certains suivaient les événements et en parlaient mais personne ne croyait à la guerre malgré la mobilisation qui commençait. « La mobilisation n'est pas la guerre », entendait-on. Quand la guerre éclata, le 3 août, ce fut à la fois la stupeur et l'enthousiasme.

Je n'oublierai jamais ce jour. Les maisons se vidèrent, les gens se rendirent vers la mairie, la place subitement s'anima. Les femmes pleuraient, quelques hommes aussi, mais très rares. Presque tous, comme si le jour de gloire était enfin arrivé, chantaient la Marseillaise et criaient : « A Berlin, A Berlin ! » et « Vive la France ! A bas l'Allemagne ! ». La tristesse qu'on lisait sur certains visages n'entamait pas l'enthousiasme quasi général.

La foule, pour avoir des nouvelles fraîches, allait en masse à la gare au passage des trains venant de Besançon. Elle s'arrachait les journaux, assiégeant la vendeuse, la *Blanche Bizot* qui avec son sens inné du commerce les vendit deux sous au lieu d'un sou.

Les hommes partirent. Seuls restèrent, les enfants, les jeunes, les femmes, les vieux.

Chacun s'attendait à une guerre courte, à une victoire rapide que sembla annoncer quelques jours plus tard notre avance en Alsace : les troupes allemandes délogées d'Altkirch, les cols des Vosges occupés, l'entrée dans Mulhouse d'une brigade française. Mais le lendemain, il fallut reculer, abandonner aux représailles allemandes, les Alsaciens qui avaient, trop vite, révélé leurs sentiments. Puis dans le même temps, ce fut la traversée de la Belgique et l'invasion du nord de la France.

La guerre fut marquée chez nous, dans les premiers jours par de nombreux passages de troupes que l'on accueillait avec sympathie. Le transfert — très provisoire — des vieux de l'hospice de Bellevaux, de Besançon au préventorium, « au château » disait-on, anima quelque temps le village.

Puis on s'installa dans la guerre, avec les restrictions, les cartes d'alimentation ; la lecture quotidienne des « communiqués officiels » affichés à la Mairie et des journaux permettait de suivre les combats, d'enregistrer les revers et les victoires.

Bientôt furent officiellement connus les noms des premiers enfants du pays « Morts au Champ d'Honneur ». La liste s'allongea vite : Emile Mathey, Louis Vautrin, Jules Vieillard, Aimé Garny, Auguste Vieillard, Henri Besançon, Alexandre Ducroux, Louis Jeannin, enfin Pierre Bernardin, le fils de l'instituteur. Neuf morts en 1914, neuf morts en moins de cinq mois ! Ces morts étaient durement ressenties, la tristesse était profonde, mais elles n'altéraient pas l'espoir, personne ne doutait de la victoire finale.

La guerre se prolongeant, les jeunes jusqu'à dix-huit ans partirent. Le village se vidait. Beaucoup de vignes déjà touchées par le phylloxera dans l'immédiate avant-guerre furent définitivement abandonnées.

L'Armistice victorieux du 11 novembre 1918 fut accueilli avec joie et soulagement mais la guerre laissait mon village meurtri, quarante-quatre hommes jeunes qui étaient son avenir avaient été tués. Cette saignée devait bouleverser la vie de Rougemont. Les jeunes, en effet, partent. Par dizaines, ils seront cheminots, gardiens de paix, gendarmes, cantonniers, ouvriers. Ceux qui restent commencent à utiliser les machines.

Les coutumes changent. Même si des séquelles s'étirent encore « entre les deux guerres », plus jamais la vie ne sera ce qu'elle était jusque-là.

Un monde nouveau était né...

TABLE DES MATIÈRES

Il a été tiré de cet ouvrage
vingt exemplaires hors-commerce
numérotés de HC I à HC XX
cent-soixante exemplaires
numérotés de 1 à 160
sur papier Ingres blanc

Le présent ouvrage a été imprimé
sur les presses
de l'Imprimerie JACQUES et DEMONTROND
à Besançon en mai 1979
n° 9364
pour le compte de Louis CETRE
Editeur à BESANCON

Imprimé en France
ISBN n° 2.901.040.09.8